LE NEVEU DE RAMEAU

IL A ÉTÉ TIRÉ DE CET OUVRAGE 500 EXEMPLAIRES

SAVOIR

150 exemplaires sur papier des manufactures impériales du Japon, numérotés de 1 à 150 ;

350 exemplaires sur papier vergé, numérotés de 151 à 500.

N°

Le tirage des gravures a été fait par A. Clément

LE

NEVEU DE RAMEAU

SATIRE

PAR

DENIS DIDEROT

REVUE SUR LES TEXTES ORIGINAUX ET ANNOTÉE

PAR

MAURICE TOURNEUX

Portrait et illustrations

PAR

F.-A. MILIUS

PARIS

P. ROUQUETTE, ÉDITEUR

55-57, passage Choiseul

1884

NOTICE PRÉLIMINAIRE

I

Diderot, songeant un jour pour lui-même à cette postérité dont il recommandait si volontiers aux artistes de se préoccuper sans cesse, écrivait, à propos du *Rêve de d'Alembert* et de sa *Suite* qu'il croyait perdus : « Tels qu'ils sortirent de ma tête, c'étaient, avec un certain mémoire de mathématiques que je me résoudrai peut-être à publier, les seuls d'entre mes ouvrages dans lesquels je me complaisais. » Il ne se trompait qu'à demi. S'il ne s'est jamais « délivré » de ce fameux mémoire, les dialogues où il a mis en scène d'Alembert, Mlle de Lespinasse et Bordeu, lui ont assigné une belle place parmi les précurseurs de l'évolution scientifique ; mais ses véritables titres à la constante admiration des délicats sont précisément un recueil de lettres intimes écrites aux heures de délassement et un autre Dialogue, auquel il attachait si peu d'importance qu'on en est encore à découvrir dans sa correspondance ou dans celle de ses familiers une allusion à cette *Satire*, pour lui laisser son sous-titre primitif et parfaitement justifié. Avant de l'examiner à ce point de vue et d'étudier en même temps le singulier personnage qui en fut, bien à son insu, l'inspirateur, rappelons par suite de quelles circonstances se trouve enfin constitué le texte définitif de cet incomparable pamphlet.

Toutes les œuvres posthumes de Diderot ont eu des destinées diverses, mais la mise au jour du *Neveu de Rameau* est un véritable roman bibliographique.

Du livre lui-même, au moment où l'auteur le jeta sur le papier, il n'en est pas trace. Grimm, qui parle deux fois de Jean-François Rameau (à propos de la *Raméide* et de la *Nouvelle Raméide*) ne dit rien de l'esquisse qu'un maître peintre avait tirée de ce bohème, connu du « tout Paris » d'alors; bien plus, il cite une réponse du neveu de Rameau qu'on retrouve presque textuellement dans le dialogue, et il n'ajoute pas que ce mot, c'était probablement Diderot qui le lui avait rapporté. Les lettres à Mlle Volland ne fournissent pas davantage l'allusion la plus lointaine ; en 1762, date vraisemblable de la rédaction originale, Galiani résidait à Paris, et nous ignorons donc si la société de Mme d'Épinay eut connaissance du nouvel écrit du philosophe. Après la mort de celui-ci, même silence ; Meister adressait tour à tour à la clientèle royale et princière, que Grimm lui avait cédée, *la Religieuse*, *Jacques le fataliste*, la *Réfutation* d'Helvétius, etc.; il semble ignorer jusqu'à l'existence du *Neveu* ou tout au moins n'en dit rien, ni dans ses « feuilles » officielles, ni dans son dithyrambe en prose : *Aux mânes de Diderot*, ni dans ce qu'il m'a été permis de parcourir de sa correspondance privée avec Mme de Vandeul et ses autres amis de France.

Cependant, en 1804, Schiller avertit Goethe qu'il lui était tombé entre les mains un manuscrit « inconnu et inédit » de Diderot, intitulé *Le Neveu de Rameau*, et qu'un éditeur, M. Goeschen, se proposait, avant de mettre sous presse le texte original, d'en donner une traduction allemande. Goethe consentit à se charger de ce travail auquel il apporta, dit-il, toute son âme ; mais les préliminaires de la campagne de 1806 et la catastrophe d'Iéna détournèrent l'attention publique de cette tentative, assurément curieuse : à plus forte raison Goeschen renonça-t-il à mettre au jour l'original français, qui semble d'ailleurs perdu depuis la mort de Schiller, survenue le 9 mai 1805.

Quel était cet original ? Le manuscrit autographe, semblerait-il tout d'abord, puisqu'au cours des débats soulevés en 1823 entre MM. Saur et Brière, il ne put être produit par ce dernier ; mais cette supposition est absolument gratuite. Diderot, si insoucieux qu'il fût de ses écrits, n'abandonnait pas ses minutes au hasard, et s'il s'est défait de quelques-unes d'entr'elles, c'est moins par négligence que comme une marque d'amitié et un souvenir. C'est ainsi que Naigeon put laisser à ses héritiers les manuscrits du *Plan d'une Université* pour la Russie et la suite du *Rêve de d'Alembert*; c'est ainsi que Burney se flatte d'avoir reçu de Diderot divers cahiers sur la musique, et que le pasteur Marron déposa sur le bureau du Comité d'instruction publique de la Convention des *Éléments de physiologie* autographes dont l'auteur lui aurait fait don : il est à remarquer que le sort actuel d'aucun de ces manuscrits ne nous est connu, non plus que celui des travaux du philosophe sur la chimie, travaux remis par lui à d'Arcet, au témoignage de Mme de Vandeul; mais celle-ci, très jalouse de son « petit héritage », comme elle l'appelait, avait soigneusement conservé les feuillets tracés par la main paternelle. Elle ne s'en sépara pas même lorsqu'elle fit parvenir à Catherine II les œuvres inédites et posthumes, transportées aujourd'hui de l'Ermitage à la Bibliothèque impériale de Saint-Pétersbourg.

A cette époque, outre Mme de Vandeul, une seule personne pouvait être dépositaire du fameux autographe : c'était Naigeon. Dans ses *Mémoires* sur Diderot, qui ne virent le jour qu'en 1823, Naigeon reconnait qu'il possédait cette « excellente satire, aussi originale que celui dont elle porte le nom ». Mais il ne dit pas si c'était une simple copie. L'insuccès de l'édition générale procurée par lui en 1798 fut sans doute le motif d'une abstention inexcusable, et il ne semble même pas avoir conservé ce manuscrit, quel qu'il fût, puisqu'il ne figurait pas dans ceux dont Mme Dufour de Villeneuve, sa sœur, essaya de tirer parti en 1816. Lors de cette démarche qu'Ant.-Alex. Barbier avait conseillée à la malheureuse octogénaire, Mme de Vandeul déclara qu'elle possédait une copie de *tous* les ouvrages de son père ; elle en signala même à l'éminent bibliographe quelques-uns qui ne nous sont pas parvenus, mais elle ne dit rien, elle non plus, du *Neveu*. Toutefois, cinq ans plus tard, elle en communiqua la copie à MM. Brière et Walferdin qui, seuls possesseurs du texte authentique, eurent la malechance de se laisser devancer par deux faiseurs, MM. Saur et de Saint-Geniès; ceux-ci avaient simplement traduit, en l'enjolivant, la traduction de Gœthe. La polémique que souleva cette concurrence, les protestations réitérées des éditeurs forts de leur bon droit, les fanfaronnades des compères pris la main dans le sac, le « coup de foudre » dont les menaçait Brière et que Gœthe leur asséna du haut de son Olympe de Weimar, tous les épisodes de cette petite guerre littéraire ont été exposés par Assézat dans leurs moindres détails, et je n'y reviendrai pas ; mais avant de clore ce résumé bibliographique, il faut insister sur les améliorations introduites depuis 1876 dans le texte du *Neveu de Rameau* et qui permettent d'affirmer qu'on le possède enfin dans toute son intégrité.

De 1821 à 1875, le dialogue ne compte pas moins de huit éditions différentes, si l'on veut admettre dans ce nombre l' « adaptation » de Saur et Saint-Geniès; toutes, sauf celles d'Asselineau et de M. Motheau, sont servilement calquées sur le texte de Brière; mais cet éditeur et son collaborateur Walferdin avaient pris avec ce texte des libertés qui ne choquaient alors personne et dont la critique actuelle ferait bonne et prompte justice : tout d'abord, ignorant le degré de parenté qui unissait Jean-Philippe et Jean-François Rameau, et soupçonnant même fort en celui-ci un être de raison, ils imprimèrent partout *maître* et *élève* pour *oncle* et *neveu*, puis ils supprimèrent les passages trop lestes et modifièrent ceux où le texte de Saur et Saint-Geniès leur parut préférable; enfin, ils adoptèrent, sans la discuter, l'intercalation fameuse : « *Ici se trouve une lacune dans le manuscrit original. La scène a changé et les interlocuteurs sont entrés dans une des maisons qui avoisinent le Palais-Royal.* » Supposition absurde puisque, dès la première page, Diderot se représente entrant au café de la Régence où le vacarme et la mimique de Rameau attirent l'attention des consommateurs et même des passants. C'est là aussi que Diderot lui fait servir de la bière et de la limonade, et que son interlocuteur paie la prise offerte par un voisin charitable de quelques conseils formulés à sa manière sur les misères du métier de croque-notes. Cette intercalation, je l'ai constatée aussi sur le manuscrit de Saint-Pétersbourg, mais elle n'est pas de la main du copiste, et rien absolument ne prouve qu'elle soit contemporaine de Diderot; en revanche, ce qui donne à cette même copie une haute valeur, c'est une correction insignifiante par elle-même (le mot *lui* ajouté en interligne) qui, tracé par Diderot, témoigne d'une revision personnelle et permet jusqu'à un certain point de se passer de l'introuvable autographe.

Lorsque M. Léon Godard effectua en 1856 la copie des œuvres posthumes de Diderot, il n'avait pas collationné celles qui avaient été imprimées, en sorte que cette particularité lui échappa et resta également inconnue à M. Assézat; mais une bonne fortune bibliographique permit à celui-ci de ne pas se contenter du texte même auquel il s'était référé, faute de mieux : un bouquiniste lui céda une copie (provenant, ce semble, du résidu des papiers de la maison Treuttel et Wurtz) qui lui révéla des paragraphes entiers omis, des noms propres exacts et de tout temps estropiés, et qui avait tous les caractères d'une transcription faite à la fin du siècle par une plume allemande. Malheureusement ce secours arrivait un peu tard : le tome X des *Œuvres complètes* était en pages, et Assézat ne put pas tirer de cette ressource inespérée tout le parti qu'elle présentait. M. Gustave Isambert, à qui j'ai depuis communiqué cette copie, a eu le mérite de rétablir le premier, par une collation rigoureuse, tous les passages défectueux, et un nouvel examen, auquel je me suis livré à Saint-Pétersbourg, a confirmé toutes les corrections. C'est donc ce texte, vérifié une fois encore sur la copie Assézat, que le lecteur a sous les yeux, et je me permets de croire que dans les réimpressions ultérieures, on ne saurait en adopter un autre. Dès lors aussi il m'a paru oiseux de reprendre et de discuter dans les notes toutes les difficultés qui avaient arrêté les précédents commentateurs. M. Isambert n'y a pas manqué, et il a eu raison, car il importait de bien marquer les progrès accomplis et qui sont très légitimement son œuvre. Maintenant que la toile du maître est remise dans tout son lustre, il ne nous reste plus qu'à remercier celui qui l'a débarrassée de ses retouches et de ses repeints.

II

S'il n'a pas fallu moins d'un demi-siècle pour atteindre ce résultat, c'est depuis vingt ans à peine que l'on entrevoit la véritable physionomie de celui qui ne se doutait assurément pas devant quel impitoyable greffier il exhalait ses rancunes, ses espérances et ses théories. Quand de Saur et Brière entrèrent en lice, personne ne s'était avisé d'aller chercher dans Mercier et dans Cazotte ce qu'ils avaient dit de Rameau le neveu. De là les erreurs matérielles grossières dans lesquelles les deux concurrents étaient tombés après Gœthe; mais aux chercheurs de notre temps il ne suffit pas de savoir le peu qu'ont dit de lui ses deux compagnons de café : c'est aux registres d'état civil qu'ils se sont renseignés, sans réussir à leur arracher tous leurs secrets, lorsqu'il en était hélas! temps encore.

Le sens musical et l'excentricité de l'humeur n'étaient pas chez Jean-François Rameau des cas isolés : on sait à quel point son oncle poussait la bizarrerie et l'insociabilité. Le cadet, Claude Rameau, ne le lui cédait en rien : l'aventure de sa pendaison avortée et de sa représentation de marionnettes taillées dans la chemise qui composait son unique vêtement, est célèbre. M. Isambert a retrouvé et reproduit un plaidoyer burlesque qu'il prononça en 1751 devant la Cour municipale de Dijon pour obtenir le maintien de l'exemption de la taille; cette interminable défense, où il se compare tour à tour à Amphion, à Pindare et à Scipion l'Africain, et que quelque émule de Grosley avait farcie de citations de toute nature, lui valut la conservation du privilège accordé sur la recommandation du prince de Condé, mais il n'en garda pas moins rancune à son ingrate patrie et alla se fixer à Autun, où il mourut en 1761.

D'un premier mariage il avait eu un fils et une fille : celle-ci n'a point fait parler d'elle. Jean-François, né à Dijon, le 30 janvier 1716, sur la paroisse Saint-Michel, composait dès l'âge de douze ans des « sauteuses » qui eurent du succès : l'une d'elles servit plus tard à Favart qui y aurait adapté des paroles nouvelles. Condisciple de Jacques Cazotte, d'Antoine Bret, plus tard censeur royal et éditeur de Molière, de Bonhomme, qui endossa le froc de cordelier et guerroya contre l'*Encyclopédie*, il fut, à l'âge de vingt ans, invité par son père à chercher fortune ailleurs : « Voilà douze francs, lui aurait-il dit, selon Mercier, tu as une chemise neuve sur le corps, sors de chez moi. »

Au témoignage de Cazotte, Jean-François se serait engagé dès l'âge de dix-sept ans, et n'aurait pas tardé à réintégrer le foyer paternel : il semble plus certain qu'en 1736 il appartint au régiment de Poitou, commandé par le comte de Bonneval :

> J'ai, sous l'habit du roi, paru six fois en lice,

dit-il dans la *Raméide* : périphrase qui se peut interpréter par six années de service. C'est alors, suppose-t-on, qu'il entreprit d'étudier la gravure sous la direction de Jean-George Wille. On n'a d'autre preuve de cette particularité que le crayon appartenant aujourd'hui à Mme de Najac et reproduit par l'héliogravure en tête de l'édition Quantin. Ce crayon avait été acquis à la vente de J.-B.-A. Lassus par M. Mahérault. Il porte cette mention : *Rameau, mon élève, en 1746; il est de Paris.* N'y a-t-il pas homonymie? Rien n'est encore venu le démontrer. A ne regarder que cette blême et large face de tonsuré, le regard quelque peu sournois de ces yeux mélancoliques et jusqu'à l'attitude toute ecclésiastique des mains croisées dans les larges manches de l'habit, on se rappelle tout de suite que Rameau avait pris le petit collet avant son mariage. Les *Mémoires* de Wille s'arrêtent, il est vrai, en 1743, et son *Journal*, si précieux, ne commence qu'en 1759. Cette lacune, que comblera peut-être un jour la providence des chercheurs, en nous privant d'une certitude, nous permet de tenir pour exacte, jusqu'à plus ample informé, l'attribution de MM. Lassus et Mahérault. M. Isambert confesse qu'il a surtout hésité devant les mots: *il est de Paris*, mais à cette époque les délimitations ethnographiques n'étaient pas fort rigoureuses, et Wille, fraîchement débarqué d'Allemagne, devait tenir pour Parisiens tous les habitants de la grande ville.

Dégoûté bien vite du burin, Jean-François revint au métier traditionnel des Rameau, à la musique, et il semble, si l'on interprète clairement son « diable de ramage saugrenu, » qu'il eut vers cette époque l'honneur de faire sa partie dans les réjouissances que Maurice de Saxe organisait à Chambord, ou même qu'il fut, en qualité de professeur, admis dans quelques familles illustres de la Suisse : le baron de Zurlauben ou le baron de Reding. En revanche, il n'a pas jugé à propos de nous édifier sur une aventure désagréable dont les *Archives de la Bastille* nous ont conservé la trace : le 5 novembre 1748, sur les quatre heures et demie, Rameau, ayant commis plusieurs extravagances et insulté l'un des directeurs de l'Opéra, fut conduit au For-l'Évêque par un exempt, le sieur de Vieillemard. Le 26 novembre suivant, le coupable implorait la clémence de M. Berryer par une lettre dont nous n'avons que le résumé et où il se représentait comme n'ayant, bien entendu, fait que « les plus légères instances contre la garde qui lui voulait empêcher l'entrée du théâtre où chacun se rend avant le spectacle. » L'ordre d'écrou, que fit rechercher M. de Marville, n'étant point passé par la police, l'affaire fut renvoyée à M. de Maurepas qui, sans doute, se montra bon prince et fit relaxer le turbulent auditeur.

Cette pénitence de trois semaines nous est seule connue aujourd'hui : combien nous devons ignorer de ces méfaits véniels, en somme, mais significatifs ! Il nous faut franchir un intervalle de près de dix années, cette fois pour assister au mariage de Jean-François Rameau et d'Ursule-Nicole Fruchet, fille d'un tailleur de la rue d'Enfer. L'union fut célébrée le 3 février, à Saint-Séverin : c'est ce jour là, selon Mercier, que Rameau avait loué toutes les vielleuses de Paris à raison d'un écu par tête, et qu'il adressa à sa femme cette allocution mémorable : « Vous êtes la vertu, mais j'ai voulu qu'elle fût relevée encore par les ombres qui vous environnent. » Sur le registre, maintenant détruit, Jal avait relevé, après la signature des conjoints, celle de leurs témoins : Rameau avait demandé ce service à un chevalier de Saint-Léger, à MM. Duvalle des Floriolles et Duvalle de Sainte-Claire, demeurant tous deux rue de Tournon, et enfin à Antoine Viseux, le patron d'un café de la rue Mazarine, « très renommé et suivi par les gens de lettres », disent les *Tablettes de Renommée* de Roze de Chantoiseau. Ce dernier choix est caractéristique : Rameau n'avait pas seulement, comme on voit, élu domicile à la Régence.

L'année 1757 réservait aux contemporains du nouvel époux une autre surprise : il cessa d'être un grand musicien inédit et dut aux libéralités de Bertin de voir enfin graver de *Nouvelles pièces de clavecin distribuées en six suites d'airs de différents caractères.* « Œuvre I », disait fièrement le titre ; œuvre unique, peut-on ajouter, puisque rien ne nous est arrivé de la musique des *Sabots*, opéra-comique de Cazotte, que Duni et Sedaine remanièrent entièrement. Voyez la malechance : Rameau le neveu est musicien d'origine, d'éducation, d'état : et les plus fins dénicheurs de raretés instrumentales ou chantantes ne le peuvent juger que sur un compte rendu, légèrement ironique dans son universelle bienveillance, du redoutable Fréron: sans cet article de *l'Année littéraire*, que saurions-nous en effet de ces mélodies à titres baroques: *le Général d'armée, les Magnifiques, les Gens de bon ton, la Toujours Nouvelle, le François aimable, le Génie français, les Trois Rameaux*, ou bien enfin *l'Encyclopédique*, « assez bizarre de caractère, dit Fréron, elle finit par une chute grotesque qui fait du fracas. » L'allusion, en montrant le bout de l'oreille de « maître Aliboron » est, après tout, de bonne guerre.

Nous ne demanderions pas mieux que de souscrire à un jugement si longuement motivé : mais nul dilettante n'a encore mis la main sur cet « Œuvre premier », malgré les appels réitérés de *l'Intermédiaire* où M. E. Thoinan en avait, dès 1865, signalé l'intérêt.

Rameau, par la plume de Cazotte, se vante d'avoir fait la même année un enfant et un livre. Le livre, c'est son fameux recueil de mélodies : l'enfant nous est encore moins connu, s'il est possible, puisque les registres paroissiaux de l'ancien Paris n'existent plus. Nous ne savons pas davantage à quelle époque mourut Mme Rameau. Si l'on en excepte sa rencontre avec Diderot au café de la Régence, et un séjour chez Cazotte à Piéry, près Epernay, séjour que révèle une lettre inédite de Piron publiée par M. Isambert, rien n'a transpiré ce qui subsiste des Archives de la Préfecture de Police, soit dans les registres des ordres du Roi (Archives nationales), soit enfin dans ceux de Bicêtre, n'ont rien fait découvrir de plus précis; il n'est donc pas vraisemblable que la date exacte de l'internement et de la mort de Rameau nous soit jamais révélée; mais le double témoignage de Cazotte et de Mercier a toute la valeur d'un document d'état civil.

III

Au mois de juillet 1759 un inconnu, se recommandant de d'Alembert, écrivait à Voltaire pour solliciter quelques secours et se présentait en personne aux Délices, avant que le patriarche n'eût reçu la réponse de son correspondant. C'était Siméon Fagon, dit Valette, de Montauban, qui avait tâté de tout, depuis la trigonométrie jusqu'au brocantage des tableaux, et qui n'en était pas plus riche. Voltaire, touché de ses très réelles infortunes, le fit causer, tour à tour amusé et apitoyé par ses mésaventures; moins de six mois après paraissait cette infernale et inimitable satire du *Pauvre diable* où chacun de ses ennemis : Fréron, Le Franc de Pompignan, Gresset, Trublet, Chaumeix, se voyait marqué d'un vers immortel.

Presqu'au même moment, Diderot, en butte à

toutes les attaques, à toutes les dénonciations, abandonné par d'Alembert, insulté sur la scène par Palissot, entrait un jour par hasard au café de la Régence, s'y voyait accosté par un de ces originaux qui, comme il le dit lui-même, n'ont jamais manqué à Paris, le faisait causer et lui arrachait peu à peu le secret de toutes les infamies dont il avait été le complice, de toutes les misères qu'il avait subies ; à mesure que son interlocuteur parlait, il se disait sans doute que pour tirer une vengeance de ses ennemis, il n'avait qu'à saisir au vol les paroles du bohème et à les jeter sur le papier en rentrant ; et le *Neveu de Rameau* fut écrit. N'est-ce pas un détail d'histoire littéraire curieux à noter que la commune destinée de Siméon Valette et de Jean-François-Rameau, tous deux voués par le sort à grouiller dans les bas-fonds de la vie et tous deux immortels, parce que le hasard les a placés un jour, l'un et l'autre, sur le chemin d'un grand écrivain ?

A peine rimé, le *Pauvre Diable* était imprimé et tout aussitôt célèbre. Il n'en fut pas de même du *Neveu*. Écrit pour le soulagement des rancunes de Diderot, au lendemain de la suspension de l'*Encyclopédie* et de la première représentation des *Philosophes*, il ne fut certainement pas alors destiné à la publicité, et il lui advint ce qui attend d'ordinaire les pamphlets et les caricatures : à son retour de Russie, Diderot, sollicité par Marc-Michel Rey de préparer lui-même une édition de ses *Œuvres*, reprit le *Neveu* dans quelque carton depuis longtemps fermé, et sentit, à mesure qu'il le relisait, combien douze ou treize années d'intervalle rendaient inintelligibles des allusions et des faits alors connus de tous; aussi introduisit-il dans le texte primitif quelques additions destinées à le rajeunir: la Deschamps, *aujourd'hui la Guimard ;* les Fréron père *et fils*, l'anecdote de Palissot se représentant lui-même sous les traits de *l'Homme dangereux* (1770), la mention des *Trois Siècles* de Sabatier de Castres (1772), l'attitude de Voltaire à l'égard de Maupeou, le début d'une cantatrice italienne, au concert des Amateurs, ouvert, selon Fétis, vers 1775, tout cela était bien ce que nous appellerions aujourd'hui de l'actualité, mais le reste du dialogue original est antérieur de quatorze ans au moins. N'y est-il pas question, comme encore vivant, de Marivaux (mort en 1763), de l'âge d'Angélique Diderot à qui son père « suppose » huit ans, (elle était née en 1753), de l'aventure de la petite Hus et de Vielard (juillet 1761), de la rupture de Sophie Arnould et de Lauraguais (octobre 1761), du *Maréchal*, opéra-comique de Quétant et de Philidor, et du *Fils d'Arlequin perdu et retrouvé*, comédie de Goldoni, représentés l'un en juillet et l'autre en août de la même année ?

Aussi l'œuvre, malgré les raccords nécessaires pour les contemporains, si elle eût été imprimée, mais qui, à plus d'un siècle de distance, nous paraissent fort inutiles, l'œuvre est-elle toute polémique, et Diderot avait raison de l'intituler « satire ».

C'est une satire en effet et des plus âpres que cette confession faite au nom de tous les oisifs, de tous les parasites, de tous les sycophantes, par le plus cynique et le plus dépenaillé d'entr'eux. Quelqu'un pouvait-il mieux les connaître que l'homme « qui discutait une action horrible, un exécrable forfait, comme un connaisseur en peinture examine les beautés d'un ouvrage? » A ce degré de corruption, d'ailleurs, Rameau est presque inconscient, et le sens moral est si profondément oblitéré chez lui, qu'on ne sait s'il se rend bien compte des monstruosités qu'il profère. L'occasion serait belle, à ce propos, de le défendre contre son peintre, de se demander, comme M. Jal, s'il a vraiment tenu sur sa femme les propos que Diderot met dans sa bouche, et de rappeler que Cazotte l'a montré sous un jour beaucoup moins défavorable. Ainsi que l'a dit Assézat, nous n'avons point qualité pour trancher cette question sentimentale, et il se peut que Diderot ait forcé la note. Toutefois ceux qui ont étudié à fond son œuvre et qui se sont efforcés d'en reconstituer les origines, ont été promptement frappés du peu d'invention qu'il apportait dans ses romans (*Les Bijoux indiscrets* exceptés, bien entendu) : les circonstances, les lieux, les noms sont empruntés à la réalité ambiante. Dès lors, pourquoi ne pas admettre que les propos de Rameau sont bien de lui? Mais il importe vraiment assez peu qu'il ait été « l'espèce » que nous savons et qu'il ait ou qu'il n'ait pas rêvé pour sa femme « le fermier général ». A la hauteur où Diderot a élevé le débat, ce n'est plus de Rameau, de ses platitudes et de ses bassesses qu'il s'agit; nous assistons à l'éternelle lutte entre le progrès, représenté alors par les philosophes, et les *ratés* du théâtre, de la chaire ou du livre; c'est un des leurs précisément qui se charge de les déshabiller et qui ne nous épargne ni une turpitude ni une verrue, et lorsqu'il a fini, on s'écrierait volontiers comme son interlocuteur, tant les choses ont peu changé : « Ma foi! la pantomime des gueux est le grand branle de la terre! »

Il y a toute une partie du dialogue qui a embarrassé les commentateurs bien plus que la vertu problématique de Mme Rameau : c'est l'apologie de la musique italienne par le propre neveu de celui qui a longtemps incarné la musique française. Cette fois, Diderot oublie quel personnage il a mis en scène et se souvient trop qu'en 1753 il était du coin de la Reine, c'est-à-dire avec les partisans des bouffons; mais on lui pardonne volontiers cette négligence en faveur de sa belle définition du chant, l'une des pages les plus heureuses assurément qui soient sorties de sa plume de critique.

Les allusions, les noms propres, les titres dont

fourmille le *Neveu de Rameau*, ont de tout temps rendu difficile la tâche de l'éditeur : cette partie, à laquelle Brière et Walferdin n'avaient pas même songé, est tout à fait superficielle dans l'édition Asselineau; Assézat l'avait améliorée autant que le lui permettait une revision des plus hâtives : il était réservé à M. Isambert de donner dans ce travail toute la mesure de sa parfaite connaissance des hommes et des choses de la fin du XVIIIe siècle. Venu le dernier, je n'ai pu que glaner ce qui avait échappé à un œil aussi vigilant; tout en profitant largement de ses trouvailles, je me suis efforcé néanmoins d'y ajouter encore. Si une partie du commentaire qui clôt ce volume a quelque valeur, elle le doit surtout aux bons offices de M. Arthur Pougin. Je n'apprendrai à personne que M. Pougin est actuellement peut-être l'homme de France qui connaît le mieux notre histoire théâtrale et musicale; mais j'avais le devoir de le remercier publiquement des indications qu'il m'a prodiguées et dont le lecteur fera son profit autant que moi-même.

Bien que ce ne soit pas, il est vrai, la première fois qu'on tente une illustration du *Neveu de Rameau*, les artistes qui s'y sont essayés ne s'étaient pas suffisamment pénétrés de la lecture du livre. M. Milius n'a pas jugé indigne de lui de l'étudier à fond et s'est souvenu aussi qu'il n'y a pas de plus fidèles interprètes d'une époque que ses contemporains. De là le charme de ses eaux-fortes, où d'heureuses réminiscences de Gravelot et de Moreau le jeune s'allient, sous la pointe de l'habile élève de MM. Hédouin et Gaucherel, à l'inspiration personnelle du dessinateur.

MAURICE TOURNEUX.

F.ª Muns inv.t et sc.t

LE NEVEU DE RAMEAU

SATIRE

Vertumnis, quotquot sunt, natus iniquis.
HORAT., lib. II, sat. 7.

Qu'il fasse beau, qu'il fasse laid, c'est mon habitude d'aller, sur les cinq heures du soir, me promener au Palais-Royal. C'est moi qu'on voit toujours seul, rêvant sur le banc d'Argenson. Je m'entretiens avec moi-même de politique, d'amour, de goût ou de philosophie ;

j'abandonne mon esprit à tout son libertinage; je le laisse maître de suivre la première idée sage ou folle qui se présente, comme on voit, dans l'allée de Foi, nos jeunes dissolus marcher sur les pas d'une courtisane à l'air éventé, au visage riant, à l'œil vif, au nez retroussé; quitter celle-ci pour une autre, les attaquant toutes et ne s'attachant à aucune. Mes pensées, ce sont mes catins.

Si le temps est trop froid ou trop pluvieux, je me réfugie au café de la Régence. Là je m'amuse à voir jouer aux échecs. Paris est l'endroit du monde, et le café de la Régence est l'endroit de Paris où l'on joue le mieux à ce jeu; c'est chez Rey que font assaut Légal le profond, Philidor le subtil, le solide Mayot; qu'on voit les coups les plus surprenants et qu'on entend les plus mauvais propos; car si l'on peut être homme d'esprit et grand joueur d'échecs comme Légal, on peut être aussi un grand joueur d'échecs et un sot, comme Foubert et Mayot.

Un après-dîner j'étais là, regardant beaucoup, parlant peu et écoutant le moins que je pouvais, lorsque je fus abordé par un des plus bizarres personnages de ce pays où Dieu n'en a pas laissé manquer. C'est un composé de hauteur et de bassesse, de bon sens et de déraison; il faut que les notions de l'honnête et du déshonnête soient bien étrangement brouillées dans sa tête, car il montre ce que la nature lui a donné de bonnes qualités sans ostentation, et ce qu'il en a reçu de mauvaises sans pudeur. Au reste, il est doué d'une organisation forte, d'une chaleur d'imagination singulière, et d'une vigueur de poumons peu commune. Si vous le rencontrez jamais et que son originalité ne vous arrête pas, ou vous mettrez vos doigts dans vos oreilles, ou vous vous enfuirez. Dieux, quels terribles poumons! Rien ne dissemble plus de lui que lui-même. Quelquefois il est maigre et hâve comme un malade au dernier degré de la consomption; on compterait ses dents à travers ses joues, on dirait qu'il a passé plusieurs jours sans manger, ou qu'il sort de la Trappe. Le mois suivant, il est gras et replet comme s'il n'avait pas quitté la table d'un financier, ou qu'il eût été renfermé dans un couvent de Bernardins. Aujourd'hui en linge sale, en culotte déchirée, couvert de lambeaux, presque sans souliers, il va la tête basse, il se dérobe, on serait tenté de l'appeler pour lui donner l'aumône; demain poudré, chaussé, frisé, bien vêtu, il marche la tête haute, il se montre, et vous le prendriez à peu près pour un honnête homme : il vit au jour la journée; triste ou gai, selon les circonstances. Son premier soin le matin, quand il est levé, est de savoir où il dînera; après dîner, il pense où il ira souper. La nuit amène aussi son inquiétude : ou il regagne à pied un petit grenier qu'il habite, à moins que l'hôtesse, ennuyée d'attendre son loyer, ne lui en ait redemandé la clef; ou il se rabat dans une taverne du faubourg, où il attend le jour entre un morceau de pain et un pot de bière. Quand il n'a pas six sous dans sa poche, ce qui lui arrive quelquefois, il a recours, soit à un fiacre de ses amis, soit au cocher d'un grand seigneur, qui lui donne un lit sur de la paille, à côté de ses chevaux. Le matin, il a encore une partie de son matelas dans ses cheveux. Si la saison est douce, il arpente toute la nuit le Cours ou les Champs-Élysées. Il reparaît avec le jour à la ville, habillé de la veille pour le lendemain, et du lendemain quelquefois pour le reste de la semaine. Je n'estime pas ces originaux-là; d'autres en font leurs connaissances familières, même leurs amis. Ils m'arrêtent une fois l'an, quand je les rencontre, parce que leur caractère tranche avec celui

Il a recours non à un fiacre de [illegible]
[illegible] à un cocher d'un grand Seigneur

des autres, et qu'ils rompent cette fastidieuse uniformité que notre éducation, nos conventions de société, nos bienséances d'usage, ont introduite. S'il en paraît un dans une compagnie, c'est un grain de levain qui fermente, et qui restitue à chacun une portion de son individualité naturelle. Il secoue, il agite, il fait approuver ou blâmer; il fait sortir la vérité, il fait connaître les gens de bien, il démasque les coquins; c'est alors que l'homme de bon sens écoute et démêle son monde.

Je connaissais celui-ci de longue main. Il fréquentait dans une maison dont son talent lui avait ouvert la porte. Il y avait une fille unique; il jurait au père et à la mère qu'il épouserait leur fille. Ceux-ci haussaient les épaules, lui riaient au nez, lui disaient qu'il était fou; et je vis le moment que la chose était faite. Il m'empruntait quelques écus que je lui donnais. Il s'était introduit, je ne sais comment, dans quelques maisons honnêtes, où il avait son couvert, mais à la condition qu'il ne parlerait pas sans en avoir obtenu la permission. Il se taisait et mangeait de rage; il était excellent à voir dans cette contrainte. S'il lui prenait envie de manquer au traité, et qu'il ouvrît la bouche, au premier mot les convives s'écriaient : Oh, Rameau ! Alors, la fureur étincelait dans ses yeux, et il se remettait à manger avec plus de rage. Vous étiez curieux de savoir le nom de l'homme, et vous le savez. C'est le neveu de ce musicien célèbre qui nous a délivrés du plain-chant de Lulli que nous psalmodiions depuis plus de cent ans, qui a tant écrit de visions inintelligibles et de vérités apocalyptiques sur la théorie de la musique, où ni lui ni personne n'entendit jamais rien, et de qui nous avons un certain nombre d'opéras où il y a de l'harmonie, des bouts de chants, des idées décousues, du fracas, des vols, des triomphes, des lances, des gloires, des murmures, des victoires à perte d'haleine, des airs de danse qui dureront éternellement ; qui, après avoir enterré le *Florentin*, sera enterré par les virtuoses italiens, ce qu'il pressentait et [qui] le rendait sombre, triste, hargneux ; car personne n'a autant d'humeur, pas même une jolie femme qui se lève avec un bouton sur le nez, qu'un auteur menacé de survivre à sa réputation, témoins Marivaux et Crébillon le fils.

Il m'aborde. — Ah ! ah ! vous voilà, monsieur le Philosophe ! et que faites-vous ici parmi ce tas de fainéants ? Est-ce que vous perdez aussi votre temps à pousser le bois? [C'est ainsi qu'on appelle, par mépris, jouer aux échecs ou aux dames.]

MOI

Non; mais quand je n'ai rien de mieux à faire, je m'amuse à regarder un instant ceux qui le poussent bien.

LUI

En ce cas, vous vous amusez rarement : excepté Légal et Philidor, le reste n'y entend rien.

MOI

Et M. de Bissy donc?

LUI

Celui-là est en joueur d'échecs ce que mademoiselle Clairon est en acteur : ils savent de ces jeux l'un et l'autre tout ce qu'on peut en apprendre.

MOI

Vous êtes difficile, et je vois que vous ne faites grâce qu'aux hommes sublimes.

LUI

Oui, aux échecs, aux dames, en poésie, en éloquence, en musique, et autres fadaises comme cela. A quoi bon la médiocrité dans ces genres?

MOI

A peu de chose, j'en conviens. Mais c'est qu'il faut qu'il y ait un grand nombre d'hommes qui s'y appliquent, pour faire sortir l'homme de génie ; il est un dans la multitude. Mais laissons cela. Il y a une éternité que je ne vous ai vu. Je ne pense guère à vous quand je ne vous vois pas, mais vous me plaisez toujours à revoir. Qu'avez-vous fait?

LUI

Ce que vous, moi et tous les autres font : du bien, du mal et rien. Et puis j'ai eu faim, et j'ai mangé quand l'occasion s'en est présentée : après avoir mangé, j'ai eu soif, et j'ai bu quelquefois. Cependant la barbe me venait, et quand elle a été venue, je l'ai fait raser.

MOI

Vous avez mal fait ; c'est la seule chose qui vous manque pour être un sage.

LUI

Oui-da. J'ai le front grand et ridé, l'œil ardent, le nez saillant, les joues larges, le sourcil noir et fourni, la bouche bien fendue, la lèvre rebordée et la face carrée. Si ce vaste menton était couvert d'une longue barbe, savez-vous que cela figurerait très bien en bronze ou en marbre?

MOI

A côté d'un César, d'un Marc-Aurèle, d'un Socrate.

LUI

Non. Je serais mieux entre Diogène et Phryné. Je suis effronté comme l'un, et je fréquente volontiers chez les autres.

MOI

Vous portez-vous toujours bien?

LUI

Oui, ordinairement, mais pas merveilleusement aujourd'hui.

MOI

Comment! vous voilà avec un ventre de Silène et un visage...

LUI

Un visage que l'on prendrait pour son antagoniste. C'est que l'humeur qui fait sécher mon cher oncle engraisse apparemment son cher neveu.

MOI

A propos de cet oncle, le voyez-vous quelquefois?

LUI

Oui, passer dans la rue.

MOI

Est-ce qu'il ne vous fait aucun bien ?

LUI

S'il en fait à quelqu'un, c'est sans s'en douter. C'est un philosophe dans son espèce ; il ne pense qu'à lui, le reste de l'univers lui est comme d'un clou à soufflet. Sa fille et sa femme n'ont qu'à mourir quand elles voudront; pourvu que les cloches de la paroisse qui sonneront pour elles continuent de résonner la *douzième* et la *dix-septième*, tout sera bien. Cela est heureux pour lui, et c'est ce que je prise particulièrement dans les gens de génie. Ils ne sont bons qu'à une chose ; passé cela, rien ; ils ne savent ce que c'est que d'être citoyens, pères, mères, parents, amis. Entre nous, il faut leur ressembler de tout point, mais ne pas désirer que la graine en soit commune. Il faut des hommes; mais pour des hommes de génie, point ; non, ma foi, il n'en faut point. Ce sont eux qui changent la face du globe; et, dans les plus petites choses, la sottise est si commune et si puissante, qu'on ne la réforme pas sans charivari. Il s'établit partie de ce qu'ils ont imaginé, partie reste comme il était; de là deux évangiles, un habit d'Arlequin. La sagesse du moine de Rabelais est la vraie sagesse pour son repos et celui des autres. Faire son devoir tellement, quellement, toujours dire du bien de Monsieur le Prieur, et laisser aller le monde à sa fantaisie. Il va bien, puisque la multitude en est contente. Si je savais l'histoire, je vous montrerais que le mal est toujours venu ici-bas par quelques hommes de génie; mais je ne sais pas l'histoire, parce que je ne sais rien. Le diable m'emporte si j'ai jamais rien appris, et si, pour n'avoir rien appris, je m'en trouve plus mal. J'étais un jour à la table d'un ministre du roi de France, qui a de l'esprit comme quatre; eh bien! il nous démontra, clair comme un et un font deux, que rien n'était plus utile aux peuples que le mensonge, rien de plus nuisible que la vérité. Je ne me rappelle pas bien ses preuves, mais il s'ensuivait évidemment que les gens de génie sont détestables, et que si un enfant apportait en naissant, sur son front, la caractéristique de ce dangereux présent de la nature, il faudrait ou l'étouffer, ou le jeter aux cagnards.

MOI

Cependant ces personnages-là, si ennemis du génie, prétendent tous en avoir.

LUI

Je crois bien qu'ils le pensent au dedans d'eux-mêmes, mais je ne crois pas qu'ils osassent l'avouer.

MOI

C'est par modestie. Vous conçûtes donc là une terrible haine contre le génie ?

LUI

A n'en jamais revenir.

MOI

Mais j'ai vu un temps que vous vous désespériez de n'être qu'un homme commun. Vous ne serez jamais heureux si le pour et le contre vous affligent également : il faudrait prendre son parti, et y demeurer attaché. Tout en convenant avec vous que les hommes de génie sont communément singuliers, ou, comme dit le proverbe, qu'*il n'y a point de grands esprits sans un grain de folie*, on n'en reviendra pas ; on méprisera les siècles qui n'en auront pas produit. Ils feront l'honneur des peuples chez lesquels ils auront existé ; tôt ou tard on leur élève des statues, et on les regarde comme les bienfaiteurs du genre humain. N'en déplaise à ce ministre sublime que vous m'avez cité, je crois que, si le mensonge peut servir un moment, il est nécessairement nuisible à la longue; et qu'au contraire la vérité sert nécessairement à la longue, bien qu'il puisse arriver qu'elle nuise dans le moment. D'où je serais tenté de conclure que l'homme de génie qui décrie une erreur générale, ou qui accrédite une grande vérité, est toujours un être digne de notre vénération. Il peut arriver que cet être soit la victime du préjugé et des lois; mais il y a deux sortes de lois : les unes d'une équité, d'une généralité absolues; d'autres bizarres, qui ne doivent leur sanction qu'à l'aveuglement ou à la nécessité des circonstances. Celles-ci ne couvrent le coupable qui les enfreint que d'une ignominie passagère, ignominie que le temps reverse sur les juges et sur les nations, pour y rester à jamais. De Socrate ou du magistrat qui lui fit boire la ciguë, quel est aujourd'hui le déshonoré ?

LUI

Le voilà bien avancé! En a-t-il été moins condamné? En a-t-il été moins mis à mort? En a-t-il moins été un citoyen turbulent? Par le mépris d'une mauvaise loi, en a-t-il moins encouragé les fous au mépris des bonnes? En a-t-il moins été un particulier audacieux et bizarre? Vous n'étiez pas éloigné tout à l'heure d'un aveu peu favorable aux hommes de génie.

MOI

Écoutez-moi, cher homme. Une société ne devrait pas avoir de mauvaises lois, et si elle n'en avait que de bonnes, elle ne serait jamais dans le cas de persécuter un homme de génie. Je ne vous ai pas dit que le génie fût indivisiblement attaché à la méchanceté, ni la méchanceté au génie. Un sot sera plus souvent un méchant qu'un homme d'esprit. Quand un homme de génie serait communément d'un commerce dur, difficile, épineux, insupportable; quand même ce serait un méchant, qu'en concluriez-vous?

LUI

Qu'il est bon à noyer.

MOI

Doucement, cher homme! Ça, dites-moi, je ne prendrai point votre oncle pour exemple. C'est un homme dur, c'est un brutal; il est sans humanité, il est avare, il est mauvais père, mauvais époux, mauvais oncle, mais il n'est pas assez décidé que ce soit un homme de génie, qu'il ait poussé son art fort loin, et qu'il soit question de ses ouvrages dans dix ans. Mais Racine? celui-là certes avait du génie, et ne passait pas pour un trop bon homme. Mais Voltaire!...

LUI

Ne me pressez pas, car je suis conséquent.

MOI

Lequel des deux préféreriez-vous : ou qu'il eût été un bon homme, identifié avec son comptoir, comme Briasson, ou avec son aune, comme Barbier, faisant régulièrement tous les ans un enfant légitime à sa femme, bon mari, bon père, bon oncle, bon voisin, honnête commerçant, mais rien de plus ; ou qu'il eût été fourbe, traître, ambitieux, envieux, méchant, mais auteur d'*Andromaque*, de *Britannicus*, d'*Iphigénie*, de *Phèdre*, d'*Athalie*?

LUI

Pour lui, ma foi, peut-être que de ces deux hommes il eût mieux valu qu'il eût été le premier.

MOI

Cela est même infiniment plus vrai que vous ne le sentez.

LUI

Oh! vous voilà, vous autres! Si nous disons quelque chose de bien, c'est comme des fous ou des inspirés, par hasard. Il n'y a que vous autres qui vous entendiez. Oui, monsieur le Philosophe, je m'entends, et je m'entends aussi bien que vous vous entendez.

MOI

Voyons. Eh bien! pourquoi pour lui?

LUI

C'est que toutes ces belles choses-là qu'il a faites ne lui ont pas rendu vingt mille francs, et que s'il eût été un bon marchand en soie de la rue Saint-Denis ou Saint-Honoré, un bon épicier en gros, un apothicaire bien achalandé, il eût amassé une fortune immense, et qu'en l'amassant il n'y aurait eu sorte de plaisirs dont il n'eût joui; qu'il aurait donné de temps en temps la pistole à un pauvre diable de bouffon comme moi qui l'aurait fait rire, et qui lui aurait procuré dans l'occasion une jeune fille qui l'aurait désennuyé de l'éternelle cohabitation avec sa femme; que nous aurions fait d'excellents repas chez lui, joué gros jeu, bu d'excellents vins, d'excellentes liqueurs, d'excellent café, fait des parties de campagne;

et vous voyez que je m'entendais. Vous riez?... mais laissez-moi dire : il eût été mieux pour ses entours.

MOI

Sans contredit ; pourvu qu'il n'eût pas employé d'une façon déshonnête l'opulence qu'il aurait acquise par un commerce légitime ; qu'il eût éloigné de sa maison tous ces joueurs, tous ces parasites, tous ces fades complaisants, tous ces fainéants, tous ces pervers inutiles, et qu'il eût fait assommer à coups de bâton, par ses garçons de boutique, l'homme officieux qui soulage, par la variété, les maris du dégoût d'une cohabitation habituelle avec leurs femmes.

LUI

Assommer, monsieur, assommer ! On n'assomme personne dans une ville bien policée. C'est un état honnête ; beaucoup de gens, même titrés, s'en mêlent. Et à quoi diable voulez-vous donc qu'on emploie son argent, si ce n'est à avoir bonne table, bonne compagnie, bons vins, belles femmes, plaisirs de toutes les couleurs, amusements de toutes les espèces ? J'aimerais autant être gueux que de posséder une grande fortune sans aucune de ces jouissances. Mais revenons à Racine. Cet homme n'a été bon que pour des inconnus, et que pour les temps où il n'était plus.

MOI

D'accord; mais pesez le mal et le bien. Dans mille ans d'ici, il fera verser des larmes; il sera l'admiration des hommes dans toutes les contrées de la terre; il inspirera l'humanité, la commisération, la tendresse. On demandera qui il était, de quel pays, et on l'enviera à la France. Il a fait souffrir quelques êtres qui ne sont plus, auxquels nous ne prenons presque aucun intérêt; nous n'avons rien à redouter ni de ses vices, ni de ses défauts. Il eût été mieux sans doute qu'il eût reçu de la nature la vertu d'un homme de bien, avec les talents d'un grand homme. C'est un arbre qui a fait sécher quelques arbres plantés dans son voisinage, qui a étouffé les plantes qui croissaient à ses pieds; mais il a porté sa cime jusque dans la nue, ses branches se sont étendues au loin; il a prêté son ombre à ceux qui venaient, qui viennent et qui viendront se reposer autour de son tronc majestueux; il a produit des fruits d'un goût exquis, et qui se renouvellent sans cesse. Il serait à souhaiter que Voltaire eût encore la douceur de Duclos, l'ingénuité de l'abbé Trublet, la droiture de l'abbé d'Olivet : mais puisque cela ne se peut, regardons la chose du côté vraiment intéressant; oublions pour un moment le point que nous occupons dans l'espace et dans la durée, et étendons notre vue sur les siècles à venir, les régions les plus éloignées et les peuples à naître. Songeons au bien de notre espèce; si nous ne sommes pas assez généreux, pardonnons au moins à la nature d'avoir été plus sage que nous. Si vous jetez de l'eau froide sur la tête de Greuze, vous éteindrez peut-être son talent avec sa vanité. Si vous rendez Voltaire moins sensible à la critique, il ne saura plus descendre dans l'âme de Mérope, il ne vous touchera plus.

LUI

Mais si la nature était aussi puissante que sage, pourquoi ne les a-t-elle pas faits aussi bons qu'elle les a faits grands?

MOI

Mais ne voyez-vous pas qu'avec un pareil raisonnement vous renversez l'ordre général, et que si tout ici-bas était excellent, il n'y aurait rien d'excellent?

LUI

Vous avez raison : le point important est que

vous et moi nous soyons, et que nous soyons vous et moi : que tout aille d'ailleurs comme il pourra. Le meilleur ordre des choses, à mon avis, est celui où j'en devais être ; et foin du plus parfait des mondes, si je n'en suis pas ! J'aime mieux être, et même être impertinent raisonneur, que de n'être pas.

MOI

Il n'y a personne qui ne pense comme vous, et qui ne fasse le procès à l'ordre qui est, sans s'apercevoir qu'il renonce à sa propre existence.

LUI

Il est vrai.

MOI

Acceptons donc les choses comme elles sont. Voyons ce qu'elles nous coûtent et ce qu'elles nous rendent, et laissons là le tout, que nous ne connaissons pas assez pour le louer ou le blâmer, et qui n'est peut-être ni bien ni mal, s'il est nécessaire, comme beaucoup d'honnêtes gens l'imaginent.

LUI

Je n'entends pas grand'chose à tout ce que vous me débitez-là. C'est apparemment de la philosophie; je vous préviens que je ne m'en mêle pas. Tout ce que je sais, c'est que je voudrais bien être un autre, au hasard d'être un homme de génie, un grand homme; oui, il faut que j'en convienne, il y a là quelque chose qui me le dit. Je n'en ai jamais entendu louer un seul, que son éloge ne m'ait secrètement fait enrager. Je suis envieux. Lorsque j'apprends de leur vie privée quelque trait qui les dégrade, je l'écoute avec plaisir; cela nous rapproche, j'en supporte plus aisément ma médiocrité. Je me dis : Certes, tu n'aurais jamais fait *Mahomet*, mais ni l'éloge de Maupeou. J'ai donc été, je suis donc fâché d'être médiocre. Oui, oui, je suis médiocre et fâché. Je n'ai jamais entendu jouer l'ouverture des *Indes galantes*, jamais entendu chanter *Profonds abymes du Ténare*, *Nuit*, *éternelle nuit*, sans me dire avec douleur: Voilà ce que tu ne feras jamais. J'étais donc jaloux de mon oncle; et s'il y avait eu à sa mort quelques belles pièces de clavecin dans son portefeuille, je n'aurais pas balancé à rester moi et à être lui.

MOI

S'il n'y a que cela qui vous chagrine, cela n'en vaut pas trop la peine.

LUI

Ce n'est rien, ce sont des moments qui passent. (Puis il se remettait à chanter l'ouverture des *Indes galantes* et l'air *Profonds abymes*, et il ajoutait :)

Le quelque chose qui est là et qui me parle me dit : Rameau, tu voudrais bien avoir fait ces deux morceaux-là; si tu avais fait ces deux morceaux-là, tu en ferais bien deux autres, et quand tu en aurais fait un certain nombre, on te jouerait, on te chanterait partout. Quand tu marcherais, tu aurais la tête droite; ta conscience te rendrait témoignage à toi-même de ton propre mérite; les autres te désigneraient du doigt, on dirait: C'est lui qui a fait les jolies gavottes (et il chantait les gavottes. Puis, avec l'air d'un homme touché qui nage dans la joie et qui en a les yeux humides, il ajoutait, en se frottant les mains :) Tu aurais une bonne maison (il en mesurait l'étendue avec ses bras), un bon lit (et il s'y étendait nonchalamment), de bons vins (qu'il goûtait en faisant claquer sa langue contre son palais), un bon équipage (et il levait le pied pour y monter), de jolies femmes (à qui il prenait déjà la gorge, et qu'il regardait voluptueusement); cent faquins te viendraient encenser tous les jours (et il croyait les voir autour de lui : il voyait *Palissot*, *Poinsinet,* les *Fréron* père et fils, *La Porte;* il les entendait, il se rengorgeait, les approuvait, leur souriait, les dédaignait, les méprisait, les chassait, les rappelait; puis il continuait :) Et c'est ainsi que l'on te dirait le matin que tu es un grand homme; tu lirais dans l'histoire des *Trois Siècles* que tu es un grand homme, tu serais convaincu le soir que tu es un grand homme, et le grand homme *Rameau le neveu* s'endormirait au doux murmure de l'éloge qui retentirait dans son oreille; même en dormant, il aurait l'air satisfait : sa poitrine se dilaterait, s'élèverait, s'abaisserait avec aisance; il ronflerait comme un grand homme... (Et en parlant ainsi, il se laissait aller mollement sur une banquette; il fermait les yeux et il imitait le sommeil heureux qu'il imaginait. Après avoir goûté quelques instants la douceur de ce repos, il se réveillait, étendait les bras, bâillait, se frottait les yeux, et cherchait encore autour de lui ses adulateurs insipides.)

MOI

Vous croyez donc que l'homme heureux a son sommeil?

LUI

Si je le crois! Moi, pauvre hère, lorsque le soir j'ai regagné mon grenier et que je me suis fourré dans mon grabat, je suis ratatiné sous ma couverture, j'ai la poitrine étroite et la respiration gênée; c'est une espèce de plainte faible qu'on entend à peine; au lieu qu'un financier fait retentir son appartement et étonne toute sa rue. Mais ce qui m'afflige aujourd'hui, ce n'est pas de ronfler et de dormir mesquinement comme un misérable.

MOI

Cela est pourtant triste.

LUI

Ce qui m'est arrivé l'est bien davantage!

MOI

Qu'est-ce donc?

LUI

Vous avez toujours pris quelque intérêt à moi, parce que je suis un bon diable, que vous méprisez dans le fond, mais qui vous amuse...

MOI

C'est la vérité.

LUI

Et je vais vous le dire. (Avant que de commencer, il pousse un profond soupir et porte ses deux mains à son front : ensuite il reprend un air tranquille et me dit :)

— Vous savez que je suis un ignorant, un sot, un fou, un impertinent, un paresseux, ce que nos Bourguignons appellent un fieffé truand, *en* escroc, un gourmand....

MOI

Quel panégyrique !

LUI

Il est vrai de tout point, il n'y a pas un mot à rabattre; point de contestation là-dessus, s'il vous plaît; personne ne me connaît mieux que moi, et je ne dis pas tout.

MOI

Je ne veux point vous fâcher, et je conviendrai de tout.

LUI

Eh bien ! je vivais avec des gens qui m'avaient pris en gré, précisément parce que j'étais doué à un rare degré de toutes ces qualités.

MOI

Cela est singulier : jusqu'à présent j'avais

cru, ou qu'on se les cachait à soi-même, ou qu'on se les pardonnait, et qu'on les méprisait dans les autres.

LUI

Se les cacher! est-ce qu'on le peut! Soyez sûr que quand Palissot est seul et qu'il revient sur lui-même, il se dit bien d'autres choses : soyez sûr qu'en tête-à-tête avec son collègue, ils s'avouent franchement qu'ils ne sont que deux insignes maroufles. Les mépriser dans les autres! Mes gens étaient plus équitables, et mon caractère me réussissait merveilleusement auprès d'eux; j'étais comme un coq en pâte : on me fêtait, on ne me perdait pas un moment sans me regretter; j'étais leur petit Rameau, leur joli Rameau, leur Rameau le fou, l'impertinent, l'ignorant, le paresseux, le gourmand, le bouffon, la grosse bête. Il n'y avait pas une de ces épithètes qui ne me valût un sourire, une caresse, un petit coup sur l'épaule, un soufflet, un coup de pied; à table, un bon morceau qu'on me jetait sur mon assiette; hors de table, une liberté que je prenais sans conséquence, car, moi, je suis sans conséquence : on fait de moi, devant moi, avec moi, tout ce qu'on veut, sans que je m'en formalise. Et les petits présents qui me pleuvaient! Le grand chien que je suis, j'ai tout perdu! J'ai tout perdu pour avoir eu le sens commun une fois, une seule fois en ma vie! Ah! si cela m'arrive jamais!

MOI

De quoi s'agissait-il donc?

LUI

Rameau! Rameau! vous avait-on pris pour cela? La sottise d'avoir eu un peu de goût, un peu d'esprit, un peu de raison! Rameau, mon ami, cela vous apprendra à rester ce que Dieu vous fit, et ce que vos protecteurs vous voulaient. Aussi l'on vous a pris par les épaules, on vous a conduit à la porte, on vous a dit : « Faquin, tirez, ne reparaissez plus! Cela veut avoir du sens, de la raison, je crois! Tirez! Nous avons de ces qualités-là de reste...» Vous vous en êtes allé en vous mordant les doigts : c'est votre langue maudite qu'il fallait mordre auparavant. Pour ne vous en être pas avisé, vous voilà sur le pavé, sans le sou, et ne sachant où donner de la tête. Vous étiez nourri à bouche que veux-tu, et vous retournerez au regrat; bien logé, et vous serez trop heureux si l'on vous rend votre grenier; bien couché, et la paille vous attend entre le cocher de M. de Soubise et l'ami Robbé; au lieu d'un sommeil doux et tranquille comme vous l'aviez, vous entendrez d'une oreille le hennissement et le piétinement des chevaux, de l'autre le bruit mille fois plus insupportable de vers secs, durs et barbares. Malheureux, malavisé, possédé d'un million de diables!

MOI

Mais n'y aurait-il pas moyen de se rapatrier? La faute que vous avez commise est-elle si impardonnable? A votre place, j'irai retrouver mes gens; vous leur êtes plus nécessaire que vous ne croyez.

LUI

Oh! je suis sûr qu'à présent qu'ils ne m'ont pas pour les faire rire, ils s'ennuient comme des chiens.

MOI

J'irais donc les retrouver; je ne leur laisserais pas le temps de se passer de moi, de se tourner vers quelque amusement honnête; car qui sait ce qui peut arriver?

LUI

Ce n'est pas là ce que je crains; cela n'arrivera pas.

MOI

Quelque sublime que vous soyez, un autre peut vous remplacer.

LUI

Difficilement.

MOI

D'accord. Cependant j'irais avec ce visage défait, ces yeux égarés, ce cou débraillé, ces cheveux ébouriffés, dans l'état vraiment tragique où vous voilà. Je me jetterais aux pieds de la divinité, et, sans me relever, je lui dirais, d'une voix basse et sanglotante : « Pardon, madame ! pardon ! je suis un indigne, un infâme. Ce fut un malheureux instant, car vous savez que je ne suis pas sujet à avoir du sens commun, et je vous promets de n'en avoir de ma vie. »

(Ce qu'il y a de plaisant, c'est que, tandis que je lui tenais ce discours, il en exécutait la pantomime et s'était prosterné ; il avait collé son visage contre terre, il paraissait tenir entre ses deux mains le bout d'une pantoufle, il pleurait, il sanglotait, il disait : « Oui, ma petite reine, oui, je le promets, je n'en aurai de ma vie, de ma vie... » Puis, se relevant brusquement, il ajouta d'un ton sérieux et réfléchi :)

LUI

Oui, vous avez raison; je vois que c'est le mieux. Elle est bonne; M. Viellard dit qu'elle est si bonne! Moi je sais un peu qu'elle l'est : mais cependant aller s'humilier devant une guenon, crier miséricorde aux pieds d'une misérable petite histrionne que les sifflets du parterre ne cessent de poursuivre! Moi Rameau, fils de M. Rameau, apothicaire de Dijon, qui est un homme de bien, et qui n'a jamais fléchi le genou devant qui que ce soit! Moi Rameau, le neveu de celui qu'on appelle le grand Rameau, qu'on voit se promener droit et les bras en l'air dans le Palais-Royal, depuis que M. Carmontelle l'a dessiné courbé et les mains sous les basques de son habit! Moi qui ai composé des pièces de clavecin que personne ne joue, mais qui seront peut-être les seules qui passeront à la postérité qui les jouera, moi, moi enfin, j'irais!... Tenez, monsieur, cela ne se peut (et mettant sa main droite sur sa poitrine, il ajoutait :) je me sens là quelque chose qui s'élève et qui me dit : Rameau, tu n'en feras rien. Il faut qu'il y ait une certaine dignité attachée à la nature de l'homme, que rien ne peut étouffer. Cela se réveille à propos de bottes, oui, à propos de bottes; car il y a d'autres jours où il ne m'en coûterait rien pour être vil tant qu'on voudrait; ces jours-là, pour un liard, je baiserais le cul à la petite Hus.

MOI

Eh! mais, l'ami, elle est blanche, jolie, jeune, douce, potelée, et c'est un acte d'humilité auquel un plus délicat que vous pourrait quelquefois s'abaisser.

LUI

Entendons-nous; c'est qu'il y a baiser le cul au simple et baiser le cul au figuré. Demandez au gros Bergier, qui baise le cul de madame de La Marck au simple et au figuré; et, ma foi, le simple et le figuré me déplaisent également là.

MOI

Si l'expédient que je vous suggère ne vous convient pas, ayez donc le courage d'être gueux.

LUI

Il est dur d'être gueux, tandis qu'il y a tant de sots opulents aux dépens desquels on peut vivre. Et puis le mépris de soi, il est insupportable.

MOI

Est-ce que vous connaissez ce sentiment-là?

LUI

Si je le connais! Combien de fois je me suis dit : Comment, Rameau, il y a dix mille bonnes tables à Paris, à quinze ou vingt couverts chacune; et de ces couverts-là il n'y en a pas un pour toi! Il y a des bourses pleines d'or qui se versent de droite et de gauche, et il n'en tombe pas une pièce sur toi! Mille petits beaux esprits sans talents, sans mérite, mille petites créatures sans charmes, mille plats intrigants sont bien vêtus, et tu irais tout nu! et tu serais imbécile à ce point! Est-ce que tu ne saurais pas flatter comme un autre? Est-ce que tu ne saurais pas mentir, jurer, parjurer, promettre, tenir ou manquer comme un autre? Est-ce que tu ne saurais pas te mettre à quatre pattes comme un autre? Est-ce que tu ne saurais pas favoriser l'intrigue de madame et porter le billet doux de monsieur comme un autre? Est-ce que tu ne saurais pas encourager ce jeune homme à parler à mademoiselle, et persuader mademoiselle de l'écouter, comme un autre? Est-ce que tu ne saurais pas faire entendre à la fille d'un de nos bourgeois qu'elle est mal mise; que de belles boucles d'oreilles, un peu de rouge, des dentelles ou une robe à la polonaise lui siéraient à ravir? Que ces petits pieds-là ne sont pas faits pour marcher dans la rue? Qu'il y a un beau monsieur, jeune et riche, qui a un habit galonné d'or, un superbe équipage, six grands laquais, qui l'a vue en passant, qui la trouve charmante, et que depuis ce jour-là il en a perdu le boire et le manger, qu'il n'en dort plus, et qu'il en mourra?

— Mais mon papa?

— Bon, bon, votre papa! il s'en fâchera d'abord un peu.

— Et maman, qui me recommande tant d'être honnête fille, qui me dit qu'il n'y a rien dans ce monde que l'honneur?

— Vieux propos qui ne signifient rien.

— Et mon confesseur?

— Vous ne le verrez plus; ou si vous persistez dans la fantaisie d'aller lui faire l'histoire de vos amusements, il vous en coûtera quelques livres de sucre et de café.

— C'est un homme sévère, qui m'a déjà refusé l'absolution pour la chanson : *Viens dans ma cellule*.

— C'est que vous n'aviez rien à lui donner; mais quand vous lui apparaîtrez en dentelles...

— J'aurai donc des dentelles?

— Sans doute, et de toutes les sortes..., en belles boucles de diamants...

— J'aurai donc de belles boucles de diamants?

— Oui.

— Comme celles de cette marquise qui vient quelquefois prendre des gants dans notre boutique?

— Précisément..., dans un bel équipage avec des chevaux gris pommelés, deux grands laquais, un petit nègre et le coureur en avant; du rouge, des mouches, la queue portée.

— Au bal?

— Au bal, à l'Opéra, à la Comédie... (Déjà le cœur lui tressaillit de joie; tu joues avec un papier entre tes doigts.)

— Qu'est cela?

— Ce n'est rien.

— Il me semble que si.

— C'est un billet.

— Et pour qui?

— Pour vous, si vous étiez un peu curieuse.

— Curieuse? je le suis beaucoup; voyons (elle lit). Une entrevue! cela ne se peut.

— En allant à la messe.

— Maman m'accompagne toujours; mais s'il venait ici un peu matin, je me lève la pre-

[illegible] la brume,
[illegible] petite disparaît

mière et je suis au comptoir avant qu'on soit levé...

Il vient, il plaît; un beau jour, à la brune, la petite disparaît, et l'on me compte mes deux mille écus... Hé quoi! tu possèdes ce talent-là, et tu manques de pain! N'as-tu pas de honte, malheureux?... Je me rappelais un tas de coquins qui ne m'allaient pas à la cheville, et qui regorgeaient de richesses. J'étais en surtout de bouracan, et ils étaient couverts de velours; ils s'appuyaient sur la canne à pomme d'or et à bec de corbin, et ils avaient l'Aristote ou le Platon au doigt. Qu'était-ce pourtant? de misérables croque-notes; aujourd'hui, ce sont des espèces de seigneurs. Alors je me sentais du courage, l'âme élevée, l'esprit subtil et capable de tout; mais ces heureuses dispositions apparemment ne duraient pas, car jusqu'à présent je n'ai pu faire un certain chemin. Quoi qu'il en soit, voilà le texte de mes fréquents soliloques, que vous pouvez paraphraser à votre fantaisie, pourvu que vous en concluiez que je connais le mépris de soi-même, ou ce tourment de la conscience qui naît de l'inutilité des dons que le ciel nous a départis; c'est le plus cruel de tous. Il vaudrait presque autant que l'homme ne fût pas né.

(Je l'écoutais; et, à mesure qu'il faisait la scène du proxénète et de la jeune fille qu'il séduisait, l'âme agitée de deux mouvements opposés, je ne savais si je m'abandonnerais à l'envie de rire, ou au transport de l'indignation. Je souffrais; vingt fois un éclat de rire empêcha ma colère d'éclater, vingt fois la colère qui s'élevait au fond de mon cœur se termina par un éclat de rire. J'étais confondu de tant de sagacité et de tant de bassesse, d'idées si justes et alternativement si fausses, d'une perversité si générale de sentiments, d'une turpitude si complète et d'une franchise si peu commune. Il s'aperçut du conflit qui se passait en moi :)

— Qu'avez-vous? me dit-il.

MOI

Rien.

LUI

Vous me paraissez troublé!

MOI

Je le suis aussi.

LUI

Mais enfin, que me conseillez-vous?

MOI

De changer de propos. Ah! malheureux, dans quel état d'abjection vous êtes tombé!

LUI

J'en conviens. Mais cependant que mon état ne vous touche pas trop; mon projet, en m'ouvrant à vous, n'était point de vous affliger. Je me suis fait chez ces gens quelque épargne; songez que je n'avais besoin de rien, mais de rien absolument, et que l'on m'accordait tant pour mes menus plaisirs.

(Alors il recommença à se frapper le front avec un de ses poings, à se mordre la lèvre et rouler au plafond ses yeux égarés, ajoutant :) Mais c'est une affaire faite. J'ai mis quelque chose de côté; le temps s'est écoulé, et c'est toujours autant d'amassé.

MOI

Vous voulez dire de perdu?

LUI

Non, non, d'amassé. On s'enrichit à chaque instant : un jour de moins à vivre ou un écu de plus, c'est tout un. Le point important est d'aller librement, aisément, agréablement, copieusement tous les soirs à la garde-robe. *O stercus pretiosum!* Voilà le grand résultat de la vie dans tous les états. Au dernier moment, tous sont également riches, et Samuel Bernard qui, à force de vols, de pillages, de banqueroutes, laisse vingt-sept millions en or, et Rameau qui ne laissera rien, Rameau à qui la charité fournira la serpillière dont on l'enveloppera. Le mort n'entend pas sonner les cloches : c'est en vain que cent prêtres s'égosillent pour lui, qu'il est précédé et suivi d'une longue file de torches ardentes ; son âme ne marche pas à côté du maître des cérémonies. Pourrir sous du marbre ou pourrir sous de la terre, c'est toujours pourrir. Avoir autour de son cercueil les Enfants rouges ou les Enfants bleus, ou n'avoir personne, qu'est-ce que cela fait? Et puis, vous voyez bien ce poignet, il était roide comme un diable ; ces dix doigts, c'étaient autant de bâtons fichés dans un métacarpe de bois, et ces tendons, c'étaient de vieilles cordes à boyau plus sèches, plus roides, plus inflexibles que celles qui ont servi à la roue d'un tourneur ; mais je vous les ai tant tourmentées, tant brisées, tant rompues! Tu ne veux pas aller? et moi, mordieu! je dis que tu iras, et cela sera...

(Et tout en disant cela, de la main droite il s'était saisi les doigts et le poignet de la main gauche, et il les renversait en dessus, en dessous; l'extrémité des doigts touchait au bras, les jointures en craquaient; je craignais que les os n'en demeurassent disloqués.)

MOI

Prenez garde, lui dis-je, vous allez vous estropier.

LUI

Ne craignez rien, ils y sont faits : depuis dix ans, je leur en ai bien donné d'une autre façon! Malgré qu'ils en eussent, il a bien fallu que les bougres s'y accoutumassent et qu'ils apprissent à se placer sur les touches et à voltiger sur les cordes : aussi à présent, cela va, oui, cela va....

(En même temps il se met dans l'attitude d'un joueur de violon; il fredonne de la voix un *allegro* de Locatelli, son bras droit imite le mouvement de l'archet, sa main gauche et ses doigts semblent se promener sur la longueur du manche; s'il fait un faux ton, il s'arrête, il remonte ou baisse la corde; il la pince de l'ongle, pour s'assurer si elle est juste; il reprend le morceau où il l'a laissé; il bat la mesure du pied, il se démène de la tête, des pieds, des mains, des bras, du corps, comme vous avez vu quelquefois, au concert spirituel, Ferrari ou Chiabran, ou quelque autre virtuose dans les mêmes convulsions, m'offrant l'image du même supplice et me causant à peu près la même peine; car n'est-ce pas une chose pénible à voir que le tourment dans celui qui s'occupe à me peindre le plaisir? Tirez entre cet homme et moi un rideau qui me le cache, s'il faut qu'il me montre un patient appliqué à la question. Au milieu de ces agitations et de ces cris, s'il se présentait une tenue, un de ces endroits harmonieux où l'archet se meut lentement sur plusieurs cordes à la fois, son visage prenait l'air de l'extase, sa voix s'adoucissait, il s'écoutait avec ravissement; il est sûr que ses accords résonnaient dans ses oreilles et dans les miennes. Puis, remettant son instrument sous son bras gauche de la même main dont il le tenait, et laissant tomber sa main droite avec son archet :) Eh bien! me disait-il, qu'en pensez-vous?

MOI

A merveille!

LUI

Cela va, ce me semble; cela résonne à peu près comme les autres...

(Et aussitôt il s'accroupit comme un musicien qui se met au clavecin.)

MOI

Je vous demande grâce pour vous et pour moi.

LUI

Non, non; puisque je vous tiens, vous m'entendrez. Je ne veux point d'un suffrage qu'on m'accorde sans savoir pourquoi. Vous me louerez d'un ton plus assuré, et cela me vaudra quelque écolier.

MOI

Je suis si peu répandu! et vous allez vous fatiguer en pure perte.

LUI

Je ne me fatigue jamais.

(Comme je vis que je voudrais inutilement avoir pitié de mon homme, car la sonate sur le violon l'avait mis tout en eau, je pris le parti de le laisser faire. Le voilà donc assis au clavecin, les jambes fléchies, la tête élevée vers le plafond, où l'on eût dit qu'il voyait une partition notée, chantant, préludant, exécutant une pièce d'Alberti ou de Galuppi, je ne sais lequel des deux. Sa voix allait comme le vent et ses doigts voltigeaient sur les touches, tantôt laissant le dessus pour prendre la basse, tantôt quittant la partie d'accompagnement pour revenir au dessus. Les passions se succédaient sur son visage; on y distinguait la tendresse, la colère, le plaisir, la douleur; on sentait les *piano*, les *forte*, et je suis sûr qu'un plus habile que moi aurait reconnu le morceau au mouvement, au caractère, à ses mines et à quelques traits de chant qui lui échappaient par intervalle. Mais ce qu'il y avait de bizarre, c'est que de temps en temps il tâtonnait, se reprenait comme s'il eût manqué, et se dépitait de n'avoir plus la même pièce dans les doigts.)

Enfin, vous voyez (reprit-il en se redressant et essuyant les gouttes de sueur qui descendaient le long de ses joues), que nous savons aussi placer un *triton*, une *quinte* superflue, et que l'enchaînement des *dominantes* nous est familier. Ces passages enharmoniques, dont le cher oncle a fait tant de bruit, ce n'est pas la mer à boire, nous nous en tirons.

MOI

Vous vous êtes donné bien de la peine pour me montrer que vous étiez fort habile; j'étais homme à vous croire sur votre parole.

LUI

Fort habile, oh ! non. Pour mon métier, je le sais à peu près, et c'est plus qu'il ne faut : car, dans ce pays-ci, est-ce qu'on est obligé de savoir ce qu'on montre ?

MOI

Pas plus que de savoir ce qu'on apprend.

LUI

Cela est juste, morbleu ! et très juste. Là, monsieur le Philosophe, la main sur la conscience, parlez net : il y eut un temps où vous n'étiez pas cossu comme aujourd'hui ?

MOI

Je ne le suis pas encore trop.

LUI

Mais vous n'iriez plus au Luxembourg en été... Vous vous en souvenez ?...

MOI

Laissons cela : oui, je m'en souviens.

LUI

En redingote de peluche grise...

MOI

Oui, oui.

LUI

Éreintée par un des côtés, avec la manchette déchirée, et les bas de laine noire et recousus par derrière avec du fil blanc.

MOI

Eh ! oui, oui ; tout comme il vous plaira.

LUI

Que faisiez-vous alors dans l'allée des Soupirs ?

MOI

Une assez triste figure.

LUI

Au sortir de là, vous trottiez sur le pavé.

MOI

D'accord.

LUI

Vous donniez des leçons de mathématiques.

MOI

Sans en savoir un mot. N'est-ce pas là que vous vouliez en venir ?

LUI

Justement.

MOI

J'apprenais en montrant aux autres, et j'ai fait quelques bons écoliers.

LUI

Cela se peut ; mais il n'en est pas de la musique comme de l'algèbre ou de la géométrie. Aujourd'hui que vous êtes un gros monsieur...

MOI

Pas si gros.

LUI

Que vous avez du foin dans vos bottes...

MOI

Très peu.

LUI

Vous donnez des maîtres à votre fille.

MOI

Pas encore ; c'est sa mère qui se mêle de son éducation, car il faut avoir la paix chez soi.

LUI

La paix chez soi ? morbleu ! on ne l'a que quand on est le serviteur ou le maître, et c'est le maître qu'il faut être... J'ai eu une femme... Dieu veuille avoir son âme ! mais quand il lui arrivait quelquefois de se rebéquer, je m'élevais sur mes ergots, je déployais mon tonnerre, je disais comme Dieu : « Que la lumière se fasse ! » et la lumière était faite. Aussi, en quatre années de temps, nous n'avons pas eu dix fois un mot l'un plus haut que l'autre. Quel âge a votre enfant ?

MOI

Cela ne fait rien à l'affaire.

LUI

Quel âge a votre enfant?

MOI

Hé que diable! laissons là mon enfant et son âge, et revenons aux maîtres qu'elle aura.

LUI

Pardieu! je ne sache rien de si têtu qu'un philosophe. En vous suppliant très humblement, ne pourrait-on savoir de monseigneur le Philosophe quel âge à peu près peut avoir mademoiselle sa fille?

MOI

Supposez-lui huit ans.

LUI

Huit ans! Il y a quatre ans que cela devrait avoir les doigts sur les touches.

MOI

Mais peut-être ne me soucié-je pas trop de faire entrer dans le plan de son éducation une étude qui occupe si longtemps et qui sert si peu.

LUI

Et que lui apprendrez-vous donc, s'il vous plaît ?

MOI

A raisonner juste, si je puis ; chose si peu commune parmi les hommes, et plus rare encore parmi les femmes.

LUI

Eh ! laissez-la déraisonner tant qu'elle voudra, pourvu qu'elle soit jolie, amusante et coquette.

MOI

Puisque la nature a été assez ingrate envers elle pour lui donner une organisation délicate avec une âme sensible, et l'exposer aux mêmes peines de la vie que si elle avait une organisation forte et un cœur de bronze, je lui apprendrai, si je puis, à les supporter avec courage.

LUI

Eh ! laissez-la pleurer, souffrir, minauder, avoir des nerfs agacés comme les autres, pourvu qu'elle soit jolie, amusante et coquette. Quoi ! point de danse ?

MOI

Pas plus qu'il n'en faut pour faire une révérence, avoir un maintien décent, se bien présenter et savoir marcher.

LUI

Point de chant?

MOI

Pas plus qu'il n'en faut pour bien prononcer.

LUI

Point de musique?

MOI

S'il y avait un bon maître d'harmonie, je la lui confierais volontiers deux heures par jour pendant un ou deux ans, pas davantage.

LUI

Et à la place des choses essentielles que vous supprimez?...

MOI

Je mets de la grammaire, de la fable, de l'histoire, de la géographie, un peu de dessin et beaucoup de morale.

LUI

Combien il me serait facile de vous prouver

l'inutilité de toutes ces connaissances-là dans un monde tel que le nôtre ! Que dis-je, l'inutilité ? peut-être le danger ! Mais je m'en tiendrai pour ce moment à une question : Ne lui faudra-t-il pas un ou deux maîtres ?

MOI

Sans doute.

LUI

Ah ! nous y revoilà. Et ces maîtres, vous espérez qu'ils sauront la grammaire, la fable, l'histoire, la géographie, la morale, dont ils lui donneront des leçons ? Chansons, mon cher maître, chansons ! S'ils possédaient ces choses assez pour les montrer, ils ne les montreraient pas.

MOI

Et pourquoi ?

LUI

C'est qu'ils auraient passé leur vie à les étudier. Il faut être profond dans l'art ou dans la science pour en bien posséder les éléments. Les ouvrages classiques ne peuvent être bien faits que par ceux qui ont blanchi sous le harnais : c'est le milieu et la fin qui éclaircissent les ténèbres du commencement. Demandez à votre ami monsieur d'Alembert.

le coryphée de la science mathématique, s'il serait trop bon pour en faire des éléments. Ce n'est qu'après trente ou quarante ans d'exercice que mon oncle a entrevu les premières lueurs de la théorie musicale.

MOI

O fou, archi-fou ! m'écriai-je, comment se fait-il que dans ta mauvaise tête il se trouve des idées si justes, pêle-mêle avec tant d'extravagances ?

LUI

Qui diable sait cela ? C'est le hasard qui vous les jette, et elles demeurent. Tant y a que quand on ne sait pas tout, on ne sait rien de bien ; on ignore où une chose va, d'où une autre vient, où celle-ci et celle-là veulent être placées, laquelle doit passer la première, où sera mieux la seconde. Montre-t-on bien sans la méthode ? et la méthode, d'où naît-elle ? Tenez, mon cher philosophe, j'ai dans la tête que la physique sera toujours une pauvre science, une goutte d'eau prise avec la pointe d'une aiguille dans le vaste Océan, un grain détaché de la chaîne des Alpes. Et les raisons des phénomènes ? En vérité, il vaudrait autant ignorer que de savoir si peu et si mal. Et c'était précisément où j'en étais, lorsque je me fis maître d'accompagnement. A quoi rêvez-vous ?

MOI

Je rêve que tout ce que vous venez de dire est plus spécieux que solide ; mais laissons cela. Vous avez montré, dites-vous, l'accompagnement et la composition ?

LUI

Oui.

MOI

Et vous n'en saviez rien du tout ?

LUI

Non, ma foi ; et c'est pour cela qu'il y en avait de pires que moi, ceux qui croyaient savoir quelque chose. Au moins je ne gâtais ni le jugement, ni les mains des enfants. En passant de moi à un bon maître, comme ils n'avaient rien appris, du moins ils n'avaient rien à désapprendre, et c'était toujours autant d'argent et de temps épargnés.

MOI

Comment faisiez-vous ?

LUI

Comme ils font tous. J'arrivais, je me jetais dans ma chaise. « Que le temps est mauvais !

que le pavé est fatigant! » Je bavardais quelques nouvelles : « Mlle Lemierre devait faire un rôle de Vestale dans l'opéra nouveau, mais elle est grosse pour la seconde fois ; on ne sait qui la doublera. Mlle Arnould vient de quitter son petit comte ; on dit qu'elle est en négociation avec Bertin. Le petit comte a cependant trouvé la porcelaine de M. de Montamy. Il y avait, au dernier concert des amateurs, une Italienne qui a chanté comme un ange. C'est un rare corps que ce Préville! il faut le voir dans le *Mercure galant;* l'endroit de l'énigme est impayable. Cette pauvre Dumesnil ne sait plus ce qu'elle dit ni ce qu'elle fait... Allons, mademoiselle, prenez votre livre... »

Tandis que mademoiselle, qui ne se presse pas, cherche son livre qu'elle a égaré, qu'on appelle une femme de chambre, qu'on gronde, je continue : « La Clairon est vraiment incompréhensible. On parle d'un mariage fort saugrenu ; c'est celui de mademoiselle... comment l'appelez-vous? une petite créature que... entretenait, à qui il a fait deux ou trois enfants, qui avait été entretenue par tant d'autres.

— Allons, Rameau, vous radotez ; cela ne se peut.

— Je ne radote point; on dit même que la chose est faite. Le bruit court que Voltaire est mort; tant mieux.

— Et pourquoi tant mieux?

— C'est qu'il va nous donner quelque bonne folie; c'est son usage que de mourir une quinzaine auparavant... »

Que vous dirai-je encore? Je disais quelques polissonneries que je rapportais des maisons où j'avais été, car nous sommes tous grands colporteurs. Je faisais le fou, on m'écoutait, on riait, on s'écriait : « Il est toujours charmant. » Cependant, le livre de mademoiselle s'était enfin retrouvé sous un fauteuil, où il avait été traîné, mâchonné, déchiré par un jeune doguin ou par un petit chat. Elle se mettait à son clavecin; d'abord, elle y faisait du bruit toute seule, ensuite je m'approchais, après avoir fait à la mère un signe d'approbation.

La mère : « Cela ne va pas mal; on n'aurait qu'à vouloir, mais on ne veut pas; on aime mieux perdre son temps à jaser, à chiffonner, à courir, à je ne sais quoi. Vous n'êtes pas sitôt parti, que le livre est fermé pour ne le rouvrir qu'à votre retour : aussi, vous ne la grondez jamais! »

Cependant, comme il fallait faire quelque

chose, je lui prenais les mains, que je lui plaçais autrement; je me dépitais, je criais : « *Sol*, *sol*, *sol*, mademoiselle, c'est un *sol*. »

La mère : « Mademoiselle, est-ce que vous n'avez point d'oreille? moi qui ne suis pas au clavecin, et qui ne vois pas sur votre livre, je sens qu'il faut un *sol*. Vous donnez une peine infinie à monsieur; je ne conçois pas sa patience; vous ne retenez rien de ce qu'il vous dit, vous n'avancez point... »

Alors, je rabattais un peu les coups, et hochant la tête, je disais : « Pardonnez-moi, madame, pardonnez-moi; cela pourrait aller mieux si mademoiselle voulait, si elle étudiait un peu, mais cela ne va pas mal. »

La mère : « A votre place, je la tiendrais un an sur la même pièce.

— Oh! pour cela, elle n'en sortira pas qu'elle ne soit au-dessus de toute difficulté, et cela ne sera pas si long que madame le croit.

— Monsieur Rameau, vous la flattez; vous êtes trop bon. Voilà de la leçon la seule chose qu'elle retiendra et qu'elle saura bien me répéter dans l'occasion... »

L'heure se passait, mon écolière me présentait le petit cachet avec la grâce du bras et la révérence qu'elle avait apprise du maître à dan-

Del. A Clement — F[x] Milius inv[t] et sc[t]

Mon ecoliere me presentant mon petit cachet

ser : je le mettais dans ma poche, pendant que la mère disait : « Fort bien, mademoiselle ; si Javillier était là, il vous applaudirait... » Je bavardais encore un instant par bienséance ; je disparaissais ensuite, et voilà ce qu'on appelait alors une leçon d'accompagnement.

MOI

Et aujourd'hui, c'est donc autre chose ?

LUI

Vertudieu ! je le crois. J'arrive, je suis grave ; je me hâte d'ôter mon manchon, j'ouvre le clavecin, j'essaye les touches. Je suis toujours pressé ; si l'on me fait attendre un moment, je crie comme si on me volait un écu. Dans une heure d'ici, il faut que je sois là, dans deux heures chez madame la duchesse une telle ; je suis attendu à dîner chez une belle marquise, et, au sortir de là, c'est un concert chez M. le baron de Bagge, rue Neuve-des-Petits-Champs.

MOI

Et cependant, vous n'êtes attendu nulle part ?

LUI

Il est vrai.

MOI

Et pourquoi employer toutes ces petites viles ruses-là !

LUI

Viles ! et pourquoi, s'il vous plaît? Elles sont d'usage dans mon état ; je ne m'avilis point en faisant comme tout le monde. Ce n'est pas moi qui les ai inventées, et je serais bizarre et maladroit de ne point m'y conformer. Vraiment, je sais bien que si vous allez appliquer à cela certains principes généraux de je ne sais quelle morale qu'ils ont tous à la bouche et qu'aucun d'eux ne pratique, il se trouvera que ce qui est blanc est noir, et que ce qui est noir sera blanc. Mais, monsieur le Philosophe, il y a une conscience générale, comme il y a une grammaire générale ; et puis il y a des exceptions dans chaque langue, que vous appelez, je crois, vous autres savants, des... aidez-moi donc, des...

MOI

Idiotismes.

LUI

Tout juste. Eh bien ! chaque état a ses exceptions de la conscience générale, auxquelles je donnerais volontiers les noms d'*idiotismes* de métier.

MOI

J'entends. Fontenelle parle bien, écrit bien. quoique son style fourmille d'*idiotismes* français.

LUI

Et le souverain, le ministre, le financier. le magistrat, le militaire, l'homme de lettres. l'avocat, le procureur, le commerçant, le banquier, l'artisan, le maître à chanter, le maître à danser, sont de fort honnêtes gens. quoique leur conduite s'écarte en plusieurs points de la conscience générale. et soit remplie d'idiotismes moraux. Plus l'institution des choses est ancienne, plus il y a d'idiotismes; plus les temps sont malheureux. plus les idiotismes se multiplient. Tant vaut l'homme, tant vaut le métier, et réciproquement, à la fin, tant vaut le métier, tant vaut l'homme. On fait donc valoir le métier tant qu'on peut.

MOI

Ce que je conçois clairement à tout cet entortillage, c'est qu'il y a peu de métiers honnêtement exercés, ou peu d'honnêtes gens dans leurs métiers.

LUI

Bon! il n'y en a point; mais en revanche il y a peu de fripons hors de leur boutique : et tout irait assez bien sans un certain nombre de gens qu'on appelle assidus, exacts, remplissant rigoureusement leurs devoirs stricts, ou, ce qui revient au même, toujours dans leur boutique, et faisant leur métier depuis le matin jusqu'au soir, et ne faisant que cela. Aussi sont-ils les seuls qui deviennent opulents et qui soient estimés.

MOI

A force d'idiotismes!

LUI

C'est cela; je vois que vous m'avez compris. Or donc, un idiotisme de presque tous les états, car il y en a de communs à tous les pays, à tous les temps, comme il y a des sottises communes; un idiotisme commun est de se procurer le plus de pratiques que l'on peut; une sottise commune est de croire que le plus habile est celui qui en a le plus. Voilà deux exceptions à la conscience générale, auxquelles il faut se plier. C'est donc une espèce de crédit; ce n'est rien en soit, mais cela vaut par l'opinion. On a dit que *bonne renommée valait mieux que ceinture dorée;* cependant qui a bonne renommée n'a pas ceinture dorée, et je vois aujourd'hui que qui a ceinture dorée ne manque guère de renommée. Il faut, autant qu'il est possible, avoir le renom et la ceinture; et c'est mon objet lorsque je me fais valoir par ce que vous qualifiez d'adresses viles, d'indignes petites ruses. Je donne ma leçon, et je la donne bien : voilà la règle générale : je fais croire que j'en ai plus à donner que la journée n'a d'heures : voilà l'idiotisme.

MOI

Et la leçon, vous la donnez bien?

LUI

Oui, pas mal, passablement. La basse fondamentale du cher oncle a bien simplifié tout cela. Autrefois je volais l'argent de mon écolier, oui, je le volais, cela est sûr; aujourd'hui je le gagne, du moins comme les autres.

MOI

Et le voliez-vous sans remords?

LUI

Oh! sans remords. On dit que *si un voleur vole l'autre, le diable s'en rit.* Les parents regorgeaient d'une fortune acquise Dieu sait comment : c'étaient des gens de cour, des financiers, de gros commerçants, des banquiers, des gens d'affaires : je les aidais à restituer, moi et une foule d'autres qu'ils employaient comme moi. Dans la nature, toutes les espèces se dévorent; toutes les conditions se dévorent dans la société. Nous faisons justice les uns des autres, sans que la loi s'en mêle. La Deschamps autrefois, aujourd'hui la Guimard, venge le prince du financier; et c'est la marchande de modes, le bijoutier, le tapissier, la lingère, l'escroc, la femme de chambre, le cuisinier, le bourrelier, qui vengent le financier de la Deschamps. Au milieu de tout cela, il n'y a que l'imbécile ou l'oisif qui soit lésé sans avoir vexé personne, et c'est fort bien fait. D'où vous voyez que ces exceptions à la conscience générale, ou ces idiotismes moraux dont on fait tant de bruit sous la dénomination de *tour du bâton*, ne sont rien, et qu'à tout prendre il n'y a que le coup d'œil qu'il faut avoir juste.

MOI

J'admire le vôtre.

LUI

Et puis la misère! la voix de la conscience

et de l'honneur est bien faible, lorsque les boyaux crient. Suffit que si je deviens jamais riche, il faudra bien que je restitue, et que je suis bien résolu à restituer de toutes les manières possibles, par la table, par le jeu, par le vin, par les femmes.

MOI

Mais j'ai peur que vous ne deveniez jamais riche.

LUI

Moi, j'en ai le soupçon.

MOI

Mais s'il en arrivait autrement, que feriez-vous ?

LUI

Je ferais comme tous les gueux revêtus : je serais le plus insolent maroufle qu'on eût encore vu. C'est alors que je me rappellerais tout ce qu'ils m'ont fait souffrir, et je leur rendrais bien les avanies qu'ils m'ont faites. J'aime à commander, et je commanderai. J'aime qu'on me loue, et on me louera. J'aurai à mes gages toute la troupe Villemorienne, et je leur dirai, comme on me l'a dit : « Allons, faquins, qu'on m'amuse, » et l'on m'amusera ; « qu'on me déchire les honnêtes gens, » et on les déchirera, si on en trouve encore. Et puis nous aurons des filles ; nous nous tutoierons quand nous serons ivres ; nous nous enivrerons, nous ferons des contes, nous aurons toutes sortes de travers et de vices ; cela sera délicieux. Nous prouverons que Voltaire est sans génie ; que Buffon, toujours guindé sur ses échasses, n'est qu'un déclamateur ampoulé ; que Montesquieu n'est qu'un bel esprit ; nous relèguerons d'Alembert dans ses mathématiques ; nous en donnerons sur dos et ventre à tous ces petits Catons comme vous, qui nous méprisent par envie, dont la modestie est le maintien de l'orgueil, et dont la sobriété est la loi du besoin. Et de la musique ! c'est alors que nous en ferons.

MOI

Au digne emploi que vous feriez de la richesse, je vois combien c'est grand dommage que vous soyez gueux. Vous vivriez là d'une manière bien honorable pour l'espèce humaine, bien utile à vos concitoyens, bien glorieuse pour vous.

LUI

Mais je crois que vous vous moquez de moi, Monsieur le Philosophe, vous ne savez pas à qui vous vous jouez ; vous ne vous doutez pas que dans ce moment, je représente la partie la plus importante de la Ville et de la Cour. Nos opulents dans tous les états ou se sont dit à eux-mêmes ou ne se sont pas dit les mêmes choses que je vous ai confiées; mais le fait est que la vie que je mènerais à leur place est exactement la leur. Voilà où vous en êtes, vous autres; vous croyez que le même bonheur est fait pour tous. Quelle étrange vision! Le vôtre suppose un certain tour d'esprit romanesque que nous n'avons pas, une âme singulière, un goût particulier. Vous décorez cette bizarrerie du nom de vertu, vous l'appelez philosophie; mais la vertu, la philosophie sont-elles faites pour tout le monde? En a qui peut, en conserve qui peut. Imaginez l'univers sage et philosophe: convenez qu'il serait diablement triste. Tenez, vive la philosophie, vive la sagesse de Salomon : boire de bons vins, se gorger de mets délicats, se rouler sur de jolies femmes, se reposer dans des lits bien mollets : excepté cela, le reste n'est que vanité.

MOI

Quoi! défendre sa patrie?

LUI

Vanité; il n'y a plus de patrie: je ne vois,

d'un pôle à l'autre, que des tyrans et des esclaves.

MOI

Servir ses amis?

LUI

Vanité ; est-ce qu'on a des amis ? Quand on en aurait, faudrait-il en faire des ingrats ? Regardez-y bien, et vous verrez que c'est presque toujours là ce qu'on recueille des services rendus. La reconnaissance est un fardeau, et tout fardeau est fait pour être secoué.

MOI

Avoir un état dans la société, et en remplir les devoirs ?

LUI

Vanité. Qu'importe qu'on ait un état ou non, pourvu qu'on soit riche, puisqu'on ne prend un état que pour le devenir ? Remplir ses devoirs; à quoi cela mène-t-il ? à la jalousie, au trouble, à la persécution. Est-ce ainsi qu'on s'avance ? Faire sa cour, morbleu ! voir les grands, étudier leurs goûts, se prêter à leurs fantaisies, servir leurs vices, approuver leurs injustices, voilà le secret.

MOI

Veiller à l'éducation de ses enfants ?

LUI

Vanité. C'est l'affaire d'un précepteur.

MOI

Mais si ce précepteur, pénétré de vos principes, néglige ses devoirs, qui est-ce qui en sera châtié ?

LUI

Ma foi, ça ne sera pas moi, mais peut-être un jour le mari de ma fille ou la femme de mon fils.

MOI

Mais si l'un et l'autre se précipitent dans la débauche et les vices ?

LUI

Cela est de leur état.

MOI

S'ils se déshonorent ?

LUI

Quoi qu'on fasse, on ne peut se déshonorer quand on est riche.

MOI

S'ils se ruinent ?

LUI

Tant pis pour eux.

MOI

Je vois que, si vous vous dispensiez de veiller à la conduite de votre femme, de vos enfants, de vos domestiques, vous pourriez aisément négliger vos affaires.

LUI

Pardonnez-moi ; il est quelquefois difficile de trouver de l'argent, et il est prudent de s'y prendre de loin.

MOI

Vous donnerez peu de soin à votre femme ?

LUI

Aucun, s'il vous plaît. Le meilleur procédé, je crois, qu'on puisse avoir pour sa chère moitié, c'est de faire ce qui lui convient. A votre avis, la société ne serait-elle pas fort amusante, si chacun y était à sa chose ?

MOI

Pourquoi pas ? la soirée n'est jamais plus belle pour moi que quand je suis content de ma matinée.

LUI

Et pour moi aussi.

MOI

Ce qui rend les gens du monde si délicats

sur leurs amusements, c'est leur profonde oisiveté.

LUI

Ne croyez pas cela; ils s'agitent beaucoup.

MOI

Comme ils ne se lassent jamais, ils ne se délassent jamais.

LUI

Ne croyez pas cela, ils sont sans cesse excédés.

MOI

Le plaisir est toujours une affaire pour eux, et jamais un besoin.

LUI

Tant mieux; le besoin est toujours une peine.

MOI

Ils usent tout. Leur âme s'hébète, l'ennui s'en empare. Celui qui leur ôterait la vie au milieu de leur abondance accablante, les servirait : c'est qu'ils ne connaissent du bonheur que la partie qui s'émousse le plus vite. Je ne méprise pas les plaisirs des sens, j'ai un palais aussi, et il est flatté d'un mets délicat ou d'un vin délicieux; j'ai un cœur et des yeux, et j'aime à voir une jolie femme, j'aime à sentir sous ma main la fermeté et la rondeur de sa gorge, à presser ses lèvres des miennes, à puiser la volupté dans ses regards et à expirer entre ses bras. Quelquefois, avec mes amis, une partie de débauche, même un peu tumultueuse, ne me déplaît pas. Mais je ne vous le dissimulerai pas, il m'est infiniment plus doux encore d'avoir secouru le malheureux, d'avoir terminé une affaire épineuse, donné un conseil salutaire, fait une lecture agréable, une promenade avec un homme ou une femme chère à mon cœur, passé quelques heures instructives avec mes enfants, écrit une bonne page, rempli les devoirs de mon état, dit à celle que j'aime quelques choses tendres et douces qui amènent ses bras autour de mon cou. Je connais telle action que je voudrais avoir faite pour tout ce que je possède. C'est un sublime ouvrage que *Mahomet* : j'aimerais mieux avoir réhabilité la mémoire des Calas. — Une personne de ma connaissance s'était réfugiée à Carthagène ; c'était un cadet de famille, dans un pays où la coutume transfère tout le bien aux aînés. Là il apprend que son aîné, enfant gâté, après avoir dépouillé son père et sa mère, trop faciles, de tout ce qu'ils possédaient, les avait expulsés de leur château, et que les bons vieillards languissaient indigents dans une petite ville de la province. Que fait alors ce cadet, qui, traité durement par ses parents, était allé tenter la fortune au loin ? Il leur envoie des secours ; il se hâte d'arranger ses affaires, il revient opulent, il ramène son père et sa mère dans leur domicile, il marie ses sœurs. Ah ! mon cher Rameau, cet homme regardait cet intervalle comme le plus heureux de sa vie ; c'est les larmes aux yeux qu'il m'en parlait : et moi je sens, en vous faisant ce récit, mon cœur se troubler de joie, et le plaisir me couper la parole.

LUI

Vous êtes des êtres bien singuliers !

MOI

Vous êtes des êtres bien à plaindre si vous n'imaginez pas qu'on s'est élevé au-dessus du sort, et qu'il est impossible d'être malheureux, à l'abri de deux belles actions telles que celles-ci.

LUI

Voilà une espèce de félicité avec laquelle j'aurais de la peine à me familiariser, car on la rencontre rarement. Mais, à votre compte, il faudrait donc être d'honnêtes gens?

MOI

Pour être heureux, assurément.

LUI

Cependant, je vois une infinité d'honnêtes gens qui ne sont pas heureux, et une infinité de gens qui sont heureux sans être honnêtes.

MOI

Il vous semble.

LUI

Et n'est-ce pas pour avoir eu du sens commun et de la franchise un moment que je ne sais où aller souper ce soir?

MOI

Oh non ! c'est pour n'en avoir pas toujours eu ; c'est pour n'avoir pas senti de bonne heure qu'il fallait d'abord se faire une ressource indépendante de la servitude.

LUI

Indépendante ou non, celle que je me suis faite est au moins la plus aisée.

MOI

Et la moins sûre, et la moins honnête.

LUI

Mais la plus conforme à mon caractère de fainéant, de sot, de vaurien.

MOI

D'accord.

LUI

Et puisque je puis faire mon bonheur par des vices qui me sont naturels, que j'ai acquis sans travail, que je conserve sans effort, qui cadrent avec les mœurs de ma nation, qui sont du goût de ceux qui me protègent, et plus analogues à leurs petits besoins particuliers que des vertus qui les gêneraient en les accusant depuis le matin jusqu'au soir, il serait bien singulier que j'allasse me tourmenter comme une âme damnée pour me bistourner et me faire autre que je ne suis ; pour me donner un caractère étranger au mien, des qualités très estimables, j'y consens pour ne pas disputer, mais qui me coûteraient beaucoup à acquérir, à pratiquer, ne me mèneraient à rien, peut-être à pis que rien, par la satire continuelle des riches auprès desquels les gueux comme moi ont à chercher leur vie. On loue la vertu, mais on la hait, mais on la fuit, mais elle gèle de froid, et dans ce monde il faut avoir les pieds chauds. Et puis cela me donnerait de l'humeur infailliblement ; car pourquoi voyons-nous si fréquemment les dévots si durs, si fâcheux, si insociables ? C'est qu'ils se sont imposé une tâche qui ne leur est pas naturelle ; ils souffrent, et quand on souffre, on fait souffrir les autres : ce n'est pas là mon compte, ni celui de mes protecteurs; il faut que je sois gai, souple, plaisant, bouffon, drôle. La vertu se fait respecter, et le respect est incommode ; la vertu se fait admirer, et l'admiration n'est pas amusante. J'ai affaire à des gens qui s'ennuient, et il faut que je les fasse rire. Or, c'est le ridicule et la folie qui font rire. Il faut donc que je sois ridicule et fou, et quand la Nature ne m'aurait pas fait tel, le plus court serait de le paraître. Heureusement je n'ai pas besoin d'être hypocrite; il y en a déjà tant de toutes les couleurs, sans compter ceux qui le sont avec eux-mêmes ! Ce chevalier de La Morlière, qui retape son chapeau sur son oreille, qui porte la tête au vent, qui vous regarde le passant par-dessus l'épaule, qui fait battre une longue épée sur sa cuisse, qui a l'insulte toute prête pour celui qui n'en porte point, et qui semble adresser un défi à tout venant, que fait-il ? tout ce qu'il peut pour se persuader qu'il est un homme de cœur; mais il est lâche. Offrez-lui une croquignole sur le bout du nez, et il la recevra en douceur. Voulez-vous lui faire baisser le ton? Élevez-le, montrez-lui votre canne, ou appliquez votre pied entre ses fesses. Tout étonné de se trouver un lâche, il vous demandera qui est-ce qui vous l'a appris, d'où vous le savez. Lui-même l'ignorait le moment précédent; une longue et habituelle singerie de bravoure lui en avait imposé, il avait tant fait les mines, qu'il croyait la chose.

Et cette femme qui se mortifie, qui visite les prisons, qui assiste à toutes les assemblées de charité, qui marche les yeux baissés, qui n'oserait regarder un homme en face, sans cesse en garde contre la séduction de ses sens; tout cela empêche-t-il que son cœur ne brûle, que des soupirs ne lui échappent, que son tempérament ne s'allume, que les désirs ne l'obsèdent, et que son imagination ne lui retrace, la nuit, les scènes du *Portier des Chartreux*, les postures de l'Arétin? Alors que devient-elle? qu'en pense sa femme de chambre, lorsqu'elle se lève en chemise et qu'elle vole au secours de sa maîtresse qui se meurt? Justine, allez vous recoucher; ce n'est pas vous que votre maîtresse appelle dans son délire.

Et l'ami Rameau, s'il se mettait un jour à marquer du mépris pour la fortune, les femmes, la bonne chère, l'oisiveté, à catoniser, que serait-il? un hypocrite. Il faut que Rameau soit ce qu'il est, un brigand heureux avec des brigands opulents, et non un fanfaron de vertu ou même un homme vertueux, mangeant sa croûte de pain, seul ou à côté des gueux. Et pour le trancher net, je ne m'accommode point de votre félicité, ni du bonheur de quelques visionnaires comme vous.

MOI

Je vois, mon cher, que vous ignorez ce que c'est, et que vous n'êtes pas même fait pour l'apprendre.

LUI

Tant mieux, mordieu! tant mieux: cela me ferait crever de faim, d'ennui, et de remords peut-être.

MOI

D'après cela, le seul conseil que j'aie à vous donner, c'est de rentrer bien vite dans la maison d'où vous vous êtes imprudemment fait chasser.

LUI

Et de faire ce que vous ne désapprouvez pas au simple, et qui me répugne un peu au figuré?

MOI

Quelle singularité !

LUI

Il n'y a rien de singulier à cela. Je veux bien être abject, mais je veux que ce soit sans contrainte. Je veux bien descendre de ma dignité... Vous riez?

MOI

Oui, votre dignité me fait rire.

LUI

Chacun a la sienne. Je veux bien oublier la mienne, mais à ma discrétion, et non à l'ordre d'autrui. Faut-il qu'on puisse me dire : Rampe, et que je sois obligé de ramper? C'est l'allure du ver, c'est la mienne; nous la suivons l'un et l'autre quand on nous laisse aller, mais nous nous redressons quand on nous marche sur la queue ; on m'a marché sur la queue, et je me redresserai. Et puis vous n'avez pas d'idée de la pétaudière dont il s'agit. Imaginez un mélancolique et maussade personnage, dévoré de vapeurs, enveloppé dans deux ou trois tours de sa robe de chambre ; qui se déplaît à lui-même, à qui tout déplaît ; qu'on fait à peine sourire en se disloquant le corps et l'esprit en cent manières diverses ; qui considère froidement les grimaces plaisantes de mon visage et celles de mon jugement, qui sont plus plaisantes encore ; car, entre nous, ce père Noël, ce vilain bénédictin si renommé pour les grimaces, malgré ses succès à la Cour, n'est, sans me vanter ni lui non plus, en comparaison de moi, qu'un polichinelle de bois. J'ai beau me tourmenter pour atteindre au sublime des Petites-Maisons, rien n'y fait. Rira-t-il ? ne rira-t-il pas ? voilà ce que je suis forcé de me dire au milieu de mes contorsions ; et vous pouvez juger combien cette incertitude nuit au talent. Mon hypocondre, la tête renfoncée dans un bonnet de nuit qui lui couvre les yeux, a l'air d'une pagode immobile à laquelle on aurait attaché un fil au menton, d'où il descendrait jusque sous son fauteuil. On attend que le fil se tire, et il ne se tire point : ou s'il arrive que la mâchoire s'entr'ouvre, c'est pour vous articuler un mot désolant, un mot qui vous apprend que vous n'avez point été aperçu, et que toutes vos singeries sont perdues. Ce mot est la réponse à une question que vous lui aurez faite il y a quatre jours; ce mot dit, le ressort mastoïde se détend, et la mâchoire se referme.

(Puis il se mit à contrefaire son homme. Il s'était placé dans une chaise, la tête fixe, le chapeau jusque sur les paupières, les yeux à demi-clos, les bras pendants, remuant sa mâchoire comme un automate, et disant : « Oui, vous avez raison, mademoiselle, il faut mettre de la finesse là. »)

C'est que cela décide, que cela décide toujours et sans appel, le soir, le matin, à la toilette, à dîner, au café, au jeu, au théâtre, à souper, au lit, et, Dieu me le pardonne, je crois, entre les bras de sa maîtresse. Je ne suis pas à portée d'entendre ces dernières décisions-ci, mais je suis diablement las des autres... Triste, obscur et tranché comme le destin, tel est notre patron.

Vis-à-vis, c'est une bégueule qui joue l'importance, à qui l'on se résoudrait à dire qu'elle est jolie, parce qu'elle l'est encore, quoiqu'elle ait sur le visage quelques gales par-ci par-là, et qu'elle coure après le volume de madame Bouvillon. J'aime les chairs quand elles sont belles ; mais aussi trop est trop, et le mouvement est si essentiel à la matière ! *Item,* elle est plus méchante, plus fière et plus bête qu'une oie. *Item*, elle veut avoir de l'esprit. *Item*, il faut lui persuader qu'on lui en croit comme à personne. *Item*, cela ne sait rien, et cela décide aussi. *Item*, il faut applaudir à ses décisions des pieds et des mains, sauter d'aise, se transir d'admiration : « Que cela est beau, délicat, bien dit, finement vu, singulièrement senti ! Où les femmes prennent-elles cela ? Sans étude, par la seule force de l'instinct, par la seule lumière naturelle ! cela tient du prodige. Et puis, qu'on vienne nous dire que l'expérience, l'étude, la réflexion, l'éducation, y font quelque chose !... » Et autres pareilles sottises, et pleurer de joie ; dix fois la journée se courber, un genou fléchi en devant, l'autre jambe tirée en arrière, les bras étendus vers la déesse, chercher son désir dans ses yeux, rester suspendu à sa lèvre, attendre son ordre et partir comme un éclair. Qui est-ce qui veut s'assujettir à un rôle pareil, si ce n'est le misérable qui trouve là, deux ou trois fois la semaine, de quoi calmer la tribulation de ses intestins ? Que penser des autres, tels que le Palissot, le Fréron, le Poinsinet, le Baculard, qui ont quelque chose, et dont les bassesses ne peuvent s'excuser par le borborygme d'un estomac qui souffre ?

MOI

Je ne vous aurais jamais cru si difficile.

LUI

Je ne le suis pas. Au commencement je voyais faire les autres, et je faisais comme eux, même un peu mieux, parce que je suis plus franchement impudent, meilleur comédien, plus affamé, fourni de meilleurs poumons. Je descends apparemment en droite ligne du fameux Stentor...

(Et pour me donner une juste idée de la force de ce viscère, il se mit à tousser d'une violence à ébranler les vitres du café, et à suspendre l'attention des joueurs d'échecs.)

MOI

Mais à quoi bon ce talent ?

LUI

Vous ne le devinez pas ?

MOI

Non, je suis un peu borné.

LUI

Supposez la dispute engagée et la victoire

incertaine ; je me lève, et, déployant mon tonnerre, je dis : « Cela est comme mademoiselle l'assure... c'est là ce qui s'appelle juger ! Je le donne en cent à tous nos beaux esprits. L'expression est de génie. » Mais il ne faut pas toujours approuver de la même manière ; on serait monotone, on aurait l'air faux, on deviendrait insipide. On ne se sauve de là que par du jugement, de la fécondité ; il faut savoir préparer et placer ses tons majeurs et péremptoires, saisir l'occasion et le moment. Lors, par exemple, qu'il y a partage entre les sentiments, que la dispute s'est élevée à son dernier degré de violence, qu'on ne s'entend plus, que tous parlent à la fois, il faut être placé à l'écart, dans l'angle de l'appartement le plus éloigné du champ de bataille, avoir préparé son explosion par un long silence, et tomber subitement comme une *comminge* au milieu des contendants : personne n'a cet art comme moi. Mais où je suis surprenant, c'est dans l'opposé : j'ai des petits tons que j'accompagne d'un sourire, une variété infinie de mines approbatives ; là, le nez, la bouche, le front, les yeux, entrent en jeu ; j'ai une souplesse de reins, une manière de contourner l'épine du dos, de hausser ou de baisser les épaules, d'étendre les doigts, d'incliner la tête, de fermer les yeux, et d'être stupéfait comme si j'avais entendu descendre du ciel une voix angélique et divine ; c'est là ce qui flatte. Je ne sais si vous saisissez bien toute l'énergie de cette dernière attitude-là ; je ne l'ai point inventée, mais personne ne m'a surpassé dans l'exécution. Voyez, voyez.

MOI

Il est vrai que cela est unique.

LUI

Croyez-vous qu'il y ait cervelle de femme un peu vaine qui tienne à cela ?

MOI

Non ; il faut convenir que vous avez porté le talent de faire le fou et de s'avilir aussi loin qu'il est possible.

LUI

Ils auront beau faire, tous tant qu'ils sont, ils n'en viendront jamais là : le meilleur d'entre eux, Palissot, par exemple, ne sera jamais qu'un bon écolier. Mais si ce rôle amuse d'abord, et si l'on goûte quelque plaisir à se moquer en dedans de la bêtise de ceux qu'on enivre, à la longue cela ne pique plus, et puis, après un certain nombre de découvertes, on est obligé de se répéter : l'esprit et l'art ont leurs limites ; il n'y a que Dieu et quelques génies rares pour qui la carrière s'étend à mesure qu'ils y avancent. *Bouret* en est un peut-être : il y a de celui-ci des traits qui m'en donnent à moi, oui, à moi-même, la plus sublime idée. Le *petit chien*, le *livre de la félicité*, les *flambeaux* sur la route de Versailles, sont de ces choses qui me confondent et m'humilient ; ce serait capable de dégoûter du métier.

MOI

Que voulez-vous dire avec votre petit chien ?

LUI

D'où venez-vous donc ? Quoi ! sérieusement, vous ignorez comment cet homme rare s'y prit pour détacher de lui et attacher au garde des sceaux un petit chien qui plaisait à celui-ci ?

MOI

Je l'ignore, je le confesse.

LUI

Tant mieux. C'est une des plus belles choses qu'on ait imaginées ; toute l'Europe en a été émerveillée, et il n'y a pas un courtisan dont elle n'ait excité l'envie. Vous qui ne manquez pas de sagacité, voyons comment vous vous y seriez pris à sa place. Songez que Bouret était aimé de son chien; songez que le vêtement bizarre du ministre effrayait le petit animal; songez qu'il n'avait que huit jours pour vaincre les difficultés. Il faut connaître toutes les conditions du problème pour bien sentir le mérite de la solution. Eh bien!

MOI

Eh bien! il faut que je vous avoue que, dans ce genre, les choses les plus faciles m'embarrassent.

LUI

Écoutez (me dit-il en me frappant un petit coup sur l'épaule, car il est familier), écoutez et admirez. Il se fait faire un masque qui ressemble au garde des sceaux; il emprunte d'un valet de chambre la volumineuse simarre; il se couvre le visage du masque, il endosse la simarre. Il appelle son chien, il le caresse; il lui donne la gimblette; puis tout à coup, changeant de décoration, ce n'est plus le garde des sceaux, c'est Bouret qui appelle son chien et qui le fouette. En moins de deux ou trois jours de cet exercice continu du matin au soir, le chien sait fuir Bouret le fermier général et courir à Bouret le garde des sceaux. Mais je suis trop bon; vous êtes un profane qui ne méritez pas d'être instruit des miracles qui s'opèrent à côté de vous.

MOI

Malgré cela, je vous prie, *le livre, les flambeaux?*

LUI

Non, non. Adressez-vous aux pavés, qui vous diront ces choses-là, et profitez de la circonstance qui nous a rapprochés, pour apprendre des choses que personne ne sait que moi.

MOI

Vous avez raison.

LUI

Emprunter la robe et la perruque, j'avais oublié la perruque, du garde des sceaux! se faire un masque qui lui ressemble! le masque surtout me tourne la tête. Aussi cet homme jouit-il de la plus haute considération; aussi possède-t-il des millions. Il y a des croix de Saint-Louis qui n'ont pas de pain : aussi, pourquoi courir après la croix, au hasard de se faire échiner, et ne pas se tourner vers un état sans péril, qui ne manque jamais sa récompense? Voilà ce qui s'appelle aller au grand. Ces modèles-là sont décourageants; on a pitié de soi, et l'on s'ennuie. Le masque! le masque! Je donnerais un de mes doigts pour avoir trouvé le masque.

MOI

Mais avec cet enthousiasme pour les belles choses, et cette facilité de génie que vous possédez, est-ce que vous n'avez rien inventé?

LUI

Pardonnez-moi; par exemple, l'attitude admirative du dos dont je vous ai parlé, je la regarde comme mienne, quoiqu'elle puisse peut-être m'être contestée par des envieux. Je crois bien qu'on l'a employée auparavant; mais qui est-ce qui a senti combien elle était commode pour rire en dessous de l'impertinent qu'on admirait? J'ai plus de cent façons d'entamer la séduction d'une jeune fille, à côté de la mère, sans que celle-ci s'en aperçoive, et même de la rendre complice. A peine entrais-je dans la carrière, que je dédaignai la manière vulgaire de glisser un billet doux; j'ai dix moyens de me le faire arracher, et parmi ces moyens j'ose me flatter qu'il y en a de nouveaux. Je possède surtout le talent d'encourager un jeune homme timide ; j'en ai fait réussir qui n'avaient ni esprit ni figure. Si cela était écrit, je crois qu'on m'accorderait quelque génie.

MOI

Vous ferait un honneur singulier.

LUI

Je n'en doute pas.

MOI

A votre place, je jetterais ces choses-là sur le papier. Ce serait dommage qu'elles se perdissent.

LUI

Il est vrai; mais vous ne soupçonnez pas combien je fais peu de cas de la méthode et des préceptes. Celui qui a besoin d'un protocole n'ira jamais loin; les génies lisent peu, pratiquent beaucoup, et se font d'eux-mêmes. Voyez César, Turenne, Vauban, la marquise de Tencin, son frère le cardinal, et le secrétaire de celui-ci, l'abbé Trublet. Et Bouret? Qui est-ce qui a donné des leçons à Bouret? Personne, c'est la nature qui forme ces hommes rares-là. Croyez-vous que l'histoire du chien et du masque soit écrite quelque part ?

MOI

Mais à vos heures perdues, lorsque l'angoisse de votre estomac vide, ou la fatigue de votre estomac surchargé éloigne le sommeil...

LUI

J'y penserai. Il vaut mieux écrire de grandes choses que d'en exécuter de petites. Alors l'âme s'élève, l'imagination s'échauffe, s'enflamme et s'étend, au lieu qu'elle se rétrécit à s'étonner, auprès de la petite Hus, des applaudissements que ce sot public s'obstine à prodiguer à cette minaudière de Dangeville qui joue si platement, qui marche presque courbée en deux sur la scène, qui a l'affectation de regarder sans cesse dans les yeux de celui à qui elle parle et de jouer en dessous, et qui prend elle-même ses grimaces pour de la finesse, son petit trotter pour de la grâce; à cette emphatique Clairon, qui est plus maigre, plus apprêtée, plus étudiée, plus empesée qu'on ne saurait dire. Cet imbécile parterre les claque à tout rompre, et ne s'aperçoit pas que nous sommes un peloton d'agréments (il est vrai que le peloton grossit un peu, mais qu'importe?) que nous avons la plus belle peau, les plus beaux yeux, le plus joli bec, peu d'entrailles à la vérité, une démarche qui n'est pas légère, mais qui n'est pas non plus aussi gauche qu'on le dit. Pour le sentiment, en revanche, il n'en est aucune à qui nous ne damions le pion.

MOI

Comment dites-vous tout cela? est-ce ironie ou vérité?

LUI

Le mal est que ce diable de sentiment est tout en dedans, et qu'il n'en transpire pas une lueur au dehors; mais moi qui vous parle, je sais, et je sais bien qu'elle en a. Si ce n'est pas cela précisément, c'est quelque chose comme cela. Il faut voir, quand l'humeur nous prend, comme nous traitons les valets, comme les femmes de chambre sont souffletées, comme nous menons à grands coups de pied les parties casuelles pour peu qu'elles s'écartent du respect qui nous est dû. C'est un petit diable, vous dis-je, tout plein de sentiment et de dignité... Oh çà, vous ne savez où vous en êtes, n'est-ce pas?

MOI

J'avoue que je ne saurais démêler si c'est de bonne foi ou méchamment que vous parlez. Je suis un bonhomme; ayez la bonté d'en user avec moi plus rudement, et de laisser là votre art.

LUI

Cela, c'est ce que nous débitons à la petite Hus, de la Dangeville et de la Clairon, mêlé par-ci par-là de quelques mots qui vous donnent l'éveil. Je consens que vous me preniez pour un vaurien, mais non pour un sot, et il n'y aurait qu'un sot ou un homme perdu d'amour qui pût dire sérieusement tant d'impertinences.

MOI

Mais comment se résout-on à les dire?

LUI

Cela ne se fait pas tout d'un coup; mais petit à petit on y vient. *Ingenii largitor venter.*

MOI

Il faut être pressé d'une cruelle faim.

LUI

Cela se peut. Cependant, quelque fortes qu'elles vous paraissent, croyez que ceux à qui elles s'adressent sont plutôt accoutumés à les entendre que nous à les hasarder.

MOI

Est-ce qu'il y a quelqu'un qui ait le courage d'être de votre avis?

LUI

Qu'appelez-vous quelqu'un? C'est le sentiment et le langage de toute la société.

MOI

Ceux d'entre vous qui ne sont pas de grands vauriens, doivent être de grands sots.

LUI

Des sots, là? Je vous jure qu'il n'y en a qu'un, c'est celui qui nous fête pour lui en imposer.

MOI

Mais comment s'en laisse-t-on si grossièrement imposer? Car enfin la supériorité des talents de la Dangeville et de la Clairon est décidée.

LUI

On avale à pleine gorgée le mensonge qui nous flatte, et l'on boit goutte à goutte une vérité qui nous est amère. Et puis nous avons l'air si pénétré, si vrai!

MOI

Il faut cependant que vous ayez péché une

fois contre les principes de l'art, et qu'il vous soit échappé par mégarde quelques-unes de ces vérités amères qui blessent; car, en dépit du rôle misérable, abject, vil, abominable que vous faites, je crois qu'au fond vous avez l'âme délicate.

LUI

Moi? point du tout. Que le diable m'emporte si je sais au fond ce que je suis! En général, j'ai l'esprit rond comme une boule, et le caractère franc comme l'osier. Jamais faux, pour peu que j'aie d'intérêt d'être vrai; jamais vrai, pour peu que j'aie d'intérêt d'être faux. Je dis les choses comme elles me viennent; sensées, tant mieux; impertinentes, on n'y prend pas garde. J'use en plein de mon franc-parler. Je n'ai pensé de ma vie, ni avant que de dire, ni en disant, ni après avoir dit; aussi je n'offense personne.

MOI

Mais cela vous est pourtant arrivé avec les gens chez qui vous viviez, et qui avaient pour vous tant de bontés.

LUI

Que voulez-vous? c'est un malheur, un mauvais moment comme il y en a dans la vie: point de félicité continue : j'étais trop bien, cela ne pouvait durer. Nous avons, comme vous savez, la compagnie la plus nombreuse et la mieux choisie. C'est une école d'humanité, le renouvellement de l'antique hospitalité : tous les poètes qui tombent, nous les ramassons; nous eûmes Palissot après sa *Zarès,* Bret après *le Faux généreux;* tous les musiciens décriés, tous les auteurs qu'on ne lit point, toutes les actrices sifflées, tous les acteurs hués, un tas de pauvres honteux, plats parasites à la tête desquels j'ai l'honneur d'être, brave chef d'une troupe timide. C'est moi qui les exhorte à manger la première fois qu'ils viennent, c'est moi qui demande à boire pour eux : ils tiennent si peu de place! Quelques jeunes gens déguenillés qui ne savent où donner de la tête, mais qui ont de la figure; d'autres scélérats qui cajolent le patron et qui l'endorment, afin de glaner après lui sur la patronne. Nous paraissons gais, mais au fond nous avons tous de l'humeur et grand appétit. Des loups ne sont pas plus affamés, des tigres ne sont pas plus cruels : nous dévorons comme des loups, lorsque la terre a été longtemps couverte de neige; nous déchirons comme des tigres tout ce qui réussit. Quelquefois les cohues *Bertin, Montsauge* et *Villemorien* se réunissent : c'est alors qu'il se fait un beau bruit dans la ménagerie. Jamais on ne vit tant de bêtes tristes, acariâtres, malfaisantes et courroucées. On n'entend que les noms de Buffon, de Duclos, de Montesquieu, de Rousseau, de Voltaire, de d'Alembert, de Diderot, et Dieu sait de quelles épithètes ils sont accompagnés! Nul n'aura de l'esprit s'il n'est aussi sot que nous. C'est là que le plan de la comédie des *Philosophes* a été conçu : la scène du colporteur, c'est moi qui l'ai fournie, d'après *la Théologie en quenouille :* vous n'êtes pas épargné là plus qu'un autre.

MOI

Tant mieux! peut-être me fait-on plus d'honneur que je n'en mérite. Je serais humilié si ceux qui disent du mal de tant d'habiles et honnêtes gens s'avisaient de dire du bien de moi.

LUI

Nous sommes beaucoup, et il faut que chacun paye son écot; après le sacrifice des grands animaux, nous immolons les autres.

MOI

Insulter la science et la vertu pour vivre, voilà du pain bien cher!

LUI

Je vous l'ai déjà dit, nous sommes sans conséquence; nous injurions tout le monde et nous n'affligeons personne. Nous avons quelquefois le pesant abbé d'Olivet, le gros abbé Le Blanc, l'hypocrite Batteux. Le gros abbé n'est méchant qu'avant dîner; son café pris, il se jette dans un fauteuil, les pieds appuyés contre la tablette de la cheminée, et s'endort comme un vieux perroquet sur son bâton. Si le vacarme devient violent, il bâille, étend ses bras, il frotte ses yeux et dit : « Eh bien, qu'est-ce? qu'est-ce?

— Il s'agit de savoir si Piron a plus d'esprit que Voltaire.

— Entendons-nous, c'est de l'esprit que vous dites? il ne s'agit pas de goût? car du goût, votre Piron ne s'en doute pas.

— Ne s'en doute pas!

— Non... »

Et puis nous voilà embarqués dans une dissertation sur le goût. Alors le patron fait signe de la main qu'on l'écoute, car c'est surtout de goût qu'il se pique. « Le goût, dit-il..., le goût est une chose... » Ma foi, je ne sais quelle chose il disait que c'était, ni lui non plus.

Nous avons quelquefois l'ami Robbé; il nous

régale de ses contes cyniques, des miracles des convulsionnaires, dont il a été le témoin oculaire, et de quelques chants de son poème sur un sujet qu'il connaît à fond. Je hais ses vers, mais j'aime à l'entendre réciter; il a l'air d'un énergumène. Tous s'écrient autour de lui : « Voilà ce qu'on appelle un poète!... » Entre nous, cette poésie-là n'est qu'un charivari de toutes sortes de bruits confus, le ramage barbare des habitants de la tour de Babel.

Il nous vient aussi un certain niais, qui a l'air plat et bête, mais qui a de l'esprit comme un démon, et qui est plus malin qu'un vieux singe. C'est une de ces figures qui appellent la plaisanterie et les nasardes, et que Dieu fit pour la correction des gens qui jugent à la mine et à qui leur miroir aurait dû apprendre qu'il est aussi aisé d'être un homme d'esprit et d'avoir l'air d'un sot, que de cacher un sot sous une figure spirituelle. C'est une lâcheté bien commune que celle d'immoler un bon homme à l'amusement des autres; on ne manque jamais de s'adresser à celui-ci. C'est un piège que nous tendons aux nouveaux venus, et je n'en ai presque pas vu un seul qui n'y donnât...

(J'étais quelquefois surpris de la justesse des observations de ce fou sur les hommes et sur les caractères, et je le lui témoignai.) C'est, me répondit-il, qu'on tire parti de la mauvaise compagnie comme du libertinage; on est dédommagé de la perte de son innocence par celle de ses préjugés : dans la société des méchants, où le vice se montre à masque levé, on apprend à les connaître. Et puis, j'ai un peu lu.

MOI

Qu'avez-vous lu?

LUI

J'ai lu et je lis et relis sans cesse Théophraste, La Bruyère et Molière.

MOI

Ce sont d'excellents livres.

LUI

Ils sont bien meilleurs qu'on ne pense; mais qui est-ce qui sait les lire?

MOI

Tout le monde, selon la mesure de son esprit.

LUI

Presque personne. Pourriez-vous me dire ce qu'on y cherche?

MOI

L'amusement et l'instruction.

LUI

Mais quelle instruction? car c'est là le point.

MOI

La connaissance de ses devoirs, l'amour de la vertu, la haine du vice.

LUI

Moi, j'y recueille tout ce qu'il faut faire et tout ce qu'il ne faut pas dire. Ainsi quand je lis *l'Avare*, je me dis : sois avare si tu veux, mais garde-toi de parler comme l'avare. Quand je lis le *Tartuffe*, je me dis : sois hypocrite si tu veux, mais ne parle pas comme l'hypocrite. Garde des vices qui te sont utiles, mais n'en aie ni le ton ni les apparences, qui te rendraient ridicule. Pour te garantir de ce ton, de ces apparences, il faut les connaître; or ces auteurs en ont fait des peintures excellentes. Je suis moi et je reste ce que je suis; mais j'agis et je parle comme il convient. Je ne suis pas de ces gens qui méprisent les moralistes; il y a beaucoup à profiter, surtout avec ceux qui ont mis la morale en action. Le vice ne blesse les hommes que par intervalle; les caractères du vice les blessent du matin au soir. Peut-être vaudrait-il mieux être un insolent que d'en avoir la physionomie; l'insolent de caractère n'insulte que de temps en temps, l'insolent de physionomie insulte toujours. Au reste, n'allez pas imaginer que je sois le seul lecteur de mon espèce; je n'ai d'autre mérite ici que d'avoir fait par système, par justesse d'esprit, par une vue raisonnable et vraie, ce que la plupart des autres font par instinct. De là vient que leurs lectures ne les rendent pas meilleurs que moi, mais qu'ils restent ridicules en dépit d'eux; au lieu que je ne le suis que quand je veux, et que je les laisse alors loin derrière moi; car le même art qui m'apprend à me sauver du ridicule en certaines occasions, m'apprend aussi dans d'autres à l'attraper heureusement. Je me rappelle alors tout ce que les autres ont dit, tout ce que j'ai lu, et j'y ajoute tout ce qui sort de mon fonds, qui est en ce genre d'une fécondité surprenante.

MOI

Vous avez bien fait de me révéler ces mystères, sans quoi je vous aurais cru en contradiction.

LUI

Je n'y suis point; car pour une fois où il faut éviter le ridicule, heureusement il y en a cent où il faut s'en donner. Il n'y a point de meilleur rôle auprès des grands que celui de fou. Longtemps il y a eu le fou du roi en titre, en aucun il n'y a eu en titre le sage du roi. Moi, je suis le fou de Bertin et de beaucoup d'autres, le vôtre peut-être dans ce moment, ou peut-être vous le mien : celui qui serait sage n'aurait point de fou; celui donc qui a un fou n'est pas sage; s'il n'est pas sage il est fou, et peut-être, fût-il roi, le fou de son fou. Au reste, souvenez-vous que, dans un sujet aussi variable que les mœurs, il n'y a rien d'absolument, d'essentiellement, de généralement vrai ou faux; sinon qu'il faut être ce que l'intérêt veut qu'on soit, bon ou mauvais, sage ou fou, décent ou ridicule, honnête ou vicieux. Si par hasard la vertu avait conduit à la fortune, ou j'aurais été vertueux, ou j'aurais simulé la vertu comme un autre; on m'a voulu ridicule, et je me le suis fait; pour vicieux, nature seule en avait fait les frais. Quand je dis vicieux, c'est pour parler votre langue; car si nous venions à nous expliquer, il pourrait arriver que vous appelassiez vice ce que j'appelle vertu, et vertu ce que j'appelle vice.

Nous avons aussi les auteurs de l'Opéra-Comique, leurs acteurs et leurs actrices, et plus souvent leurs entrepreneurs, Corbie, Moette, tous gens de ressource et d'un mérite supérieur.

Eh! j'oubliais les grands critiques de la littérature, *l'Avant-Coureur, les Petites-Affiches, l'Année littéraire, l'Observateur littéraire, le Censeur hebdomadaire,* toute la clique des feuillistes.

MOI

L'Année littéraire, l'Observateur littéraire! Cela ne se peut; ils se détestent.

LUI

Il est vrai, mais tous les gueux se réconcilient à la gamelle. Ce maudit *Observateur littéraire*, que le diable l'eût emporté lui et ses feuilles! C'est ce chien de petit prêtre avare, puant et usurier, qui est la cause de mon désastre. Il parut sur notre horizon hier pour la première fois; il arriva à l'heure qui nous chasse tous de nos repaires, l'heure du dîner. Quand il fait mauvais temps, heureux celui d'entre nous qui a la pièce de vingt-quatre sols

dans sa poche pour payer le fiacre! Tel s'est moqué de son confrère qui était arrivé le matin crotté jusqu'à l'échine et mouillé jusqu'aux os, qui le soir rentre chez lui dans le même état. Il y en eut un, je ne sais plus lequel, qui eut, il y a quelques mois, un démêlé violent avec le Savoyard qui s'est établi à notre porte; ils étaient en compte courant : le créancier voulait que son débiteur se liquidât, et celui-ci n'était pas en fonds, et cependant il ne pouvait monter sans passer par les mains de l'autre.

On sert, on fait les honneurs de la table à l'abbé, on le place au haut bout. J'entre; je l'aperçois. « Comment, l'abbé, lui dis-je, vous présidez? voilà qui est fort bien pour aujourd'hui; mais demain vous descendrez, s'il vous plaît, d'une assiette, après-demain d'une autre assiette, et ainsi d'assiette en assiette, soit à droite, soit à gauche, jusqu'à ce que de la place que j'ai occupée une fois avant vous, Fréron une fois après moi, Dorat une fois après Fréron, Palissot une fois après Dorat, vous deveniez stationnaire auprès de moi, pauvre plat bougre comme vous, qui *siedo sempre come un maestoso cazzo fra duoi coglioni.* »

L'abbé, qui est bon diable, et qui prend tout bien, se mit à rire; mademoiselle, pénétrée de mon observation et de la justesse de ma comparaison, se mit à rire; tous ceux qui siégaient à droite ou à gauche de l'abbé, ou qu'il avait reculés d'un cran, se mirent à rire; tout le monde rit, excepté monsieur, qui se fâche, et me tient des propos qui n'auraient rien signifié, si nous avions été seuls.

« Rameau, vous êtes un impertinent.

— Je le sais bien, et c'est à cette condition que vous m'avez reçu.

— Un faquin.

— Comme un autre.

— Un gueux.

— Est-ce que je serais ici sans cela?

— Je vous ferai chasser.

— Après dîner, je m'en irai de moi-même.

— Je vous le conseille. »

On dîna; je n'en perdis pas un coup de dent. Après avoir bien mangé, bu largement, car, après tout, il n'en aurait été ni plus ni moins, messer gaster est un personnage contre lequel je n'ai jamais boudé, je pris mon parti, et je me disposais à m'en aller; j'avais engagé ma parole en présence de tant de monde, qu'il fallait bien la tenir. Je fus un temps considérable à rôder dans l'appartement, cherchant ma canne et mon chapeau où ils n'étaient pas, et comptant toujours que le patron se répandrait dans un nouveau torrent d'injures, que quelqu'un s'interposerait, et que nous finirions par nous raccommoder à force de nous fâcher. Je tournais, je tournais, car moi je n'avais rien sur le cœur; mais le patron, lui, plus sombre et plus noir que l'Apollon d'Homère lorsqu'il décoche ses traits sur l'armée des Grecs, son bonnet une fois plus renfoncé que de coutume, se promenait en long et en large, le poing sous le menton. Mademoiselle s'approche de moi : « Mais, mademoiselle, qu'est-ce qu'il y a donc d'extraordinaire? ai-je été différent aujourd'hui de moi-même?

— Je veux qu'il sorte.

— Je sortirai... Je ne lui ai point manqué.

— Pardonnez-moi; on invite monsieur l'abbé, et...

— C'est lui qui s'est manqué à lui-même en invitant l'abbé, en me recevant, et avec moi tant d'autres bélitres tels que moi.

— Allons, mon petit Rameau, il faut demander pardon à monsieur l'abbé.

— Je n'ai que faire de son pardon.

— Allons, allons, tout cela s'apaisera... »

On me prend par la main; on m'entraîne vers

le fauteuil de l'abbé; j'étends les bras, je contemple l'abbé avec une espèce d'admiration, car qui est-ce qui a jamais demandé pardon à l'abbé? « L'abbé, lui dis-je, l'abbé, tout ceci est bien ridicule, n'est-il pas vrai? » Et puis je me mets à rire, et l'abbé aussi. Me voilà donc excusé de ce côté-là; mais il me fallait aborder l'autre, et ce que j'avais à lui dire était une autre paire de manches. Je ne sais plus trop comment je lui tournai mon excuse. « Monsieur, voilà ce fou...

— Il y a trop longtemps qu'il me fait souffrir; je n'en veux plus entendre parler.

— Il est fâché...

— Oui, je suis très fâché.

— Cela ne lui arrivera plus.

— Qu'au premier faquin... »

Je ne sais s'il était dans un de ces jours d'humeur où mademoiselle craint d'en approcher, et n'ose le toucher qu'avec ses mitaines de velours, ou s'il entendit mal ce que je disais, ou si je dis mal; ce fut pis qu'auparavant. Que diable! est-ce qu'il ne me connaît pas? est-ce qu'il ne sait pas que je suis comme les enfants, et qu'il y a des circonstances où je laisse tout aller sous moi? Et puis je crois, Dieu me pardonne, que je n'aurais pas un moment de relâche; on userait un pantin d'acier à tirer la ficelle du matin au soir, et du soir au matin. Il faut que je les désennuie, c'est la condition; mais il faut que je m'amuse quelquefois. Au milieu de ces imbroglios il me passa par la tête une pensée funeste, une pensée qui me donna de la morgue, une pensée qui m'inspira de la fierté et de l'insolence : c'est qu'on ne pouvait se passer de moi, que j'étais un homme essentiel.

MOI

Oui, je crois que vous leur êtes très utile, mais qu'ils vous le sont encore davantage. Vous ne retrouverez pas, quand vous voudrez, une aussi bonne maison; mais eux, pour un fou qui leur manque, ils en retrouveront cent.

LUI

Cent fous comme moi! monsieur le Philosophe; ils ne sont pas si communs. Oui, des plats fous. On est plus difficile en sottise qu'en talent ou en vertu. Je suis rare dans mon espèce, oui, très rare. A présent qu'ils ne m'ont plus, que font-ils? ils s'ennuient comme des chiens. Je suis un sac inépuisable d'impertinences. J'avais à chaque instant une boutade qui les faisait rire aux larmes : j'étais pour eux les Petites-Maisons entières.

MOI

Aussi vous aviez la table, le lit, l'habit, veste et culottes, les souliers, et la pistole par mois.

LUI

Voilà le beau côté, voilà le bénéfice; mais des charges, vous n'en dites mot. D'abord, s'il était bruit d'une pièce nouvelle, quelque temps qu'il fît, il fallait fureter dans tous les greniers de Paris, jusqu'à ce que j'en eusse trouvé l'auteur; que je me procurasse la lecture de l'ouvrage, et que j'insinuasse adroitement qu'il y avait un rôle qui serait supérieurement rendu par quelqu'un de ma connaissance.

« Et par qui, s'il vous plaît?

— Par qui? belle question! ce sont les grâces, la gentillesse, la finesse.

— Vous voulez dire mademoiselle Dangeville? Par hasard la connaîtriez-vous?

— Oui, un peu; mais ce n'est pas elle.

— Et qui donc? »

Je nommais tout bas... « — Elle!

— Oui, elle, répétais-je un peu honteux, car j'ai quelquefois de la pudeur; et à ce nom il fallait voir comme la figure du poète s'allongeait, et d'autres fois comme on m'éclatait au nez. Cependant, bon gré, mal gré qu'il en eût.

il fallait que j'amenasse mon homme à dîner; et lui, qui craignait de s'engager, rechignait, remerciait. Il fallait voir comme j'étais traité quand je ne réussissais pas dans ma négociation! j'étais un butor, un sot, un balourd; je n'étais bon à rien; je ne valais pas le verre d'eau qu'on me donnait à boire. C'était bien pis lorsqu'on jouait, et qu'il fallait aller intrépidement, au milieu des huées d'un public qui juge bien, quoi qu'on en dise, faire entendre mes claquements de mains isolés, attacher les regards sur moi, quelquefois dérober les sifflets à l'actrice, et ouïr chuchoter à côté de soi : « C'est un des valets déguisés de celui qui couche. Ce maraud-là se taira-t-il?... » On ignore ce qui peut déterminer à cela; on croit que c'est ineptie, tandis que c'est un motif qui excuse tout.

MOI

Jusqu'à l'infraction des lois civiles.

LUI

A la fin cependant j'étais connu, et l'on disait : « Oh! c'est Rameau. » Ma ressource était de jeter quelques mots ironiques qui sauvassent du ridicule mon applaudissement solitaire, qu'on interprétait à contre-sens.

Convenez qu'il faut un puissant intérêt pour braver ainsi le public assemblé, et que chacune de ces corvées valait mieux qu'un petit écu.

MOI

Que ne vous faisiez-vous prêter main-forte?

LUI

Cela m'arrivait aussi, et je glanais un peu là-dessus. Avant que de se rendre au lieu du supplice, il fallait se charger la mémoire des endroits brillants où il importait de donner le ton. S'il m'arrivait de les oublier ou de me méprendre, j'en avais le tremblement à mon retour; c'était un vacarme dont vous n'avez pas d'idée. Et puis à la maison une meute de chiens à soigner : il est vrai que je m'étais sottement imposé cette tâche; des chats dont j'avais la surintendance. J'étais trop heureux si *Micou* me favorisait d'un coup de griffe qui déchirât ma manchette ou ma main. *Criquette* est sujette à la colique; c'est moi qui lui frotte le ventre. Autrefois, mademoiselle avait des vapeurs, ce sont aujourd'hui les nerfs. Je ne parle pas d'autres indispositions légères dont on ne se gêne point devant moi. Pour ceci, passe, je n'ai jamais prétendu contraindre. J'ai lu, je ne sais où, qu'un prince surnommé le Grand restait quelquefois appuyé sur le dossier de la chaise percée de sa maîtresse. On en use à son aise avec ses familiers, et j'en étais ces jours-là plus que personne. Je suis apôtre de la familiarité et de l'aisance; je les prêchais là d'exemple, sans qu'on s'en formalisât; il n'y avait qu'à me laisser aller. Je vous ai ébauché le patron. Mademoiselle commence à devenir pesante, il faut entendre les bons contes qu'ils en font.

MOI

Vous n'êtes pas de ces gens-là?

LUI

Pourquoi non?

MOI

C'est qu'il est au moins indécent de donner des ridicules à ses bienfaiteurs.

LUI

Mais n'est-ce pas pis encore de s'autoriser de ses bienfaits pour avilir son protégé?

MOI

Mais si le protégé n'était pas vil par lui-même, rien ne donnerait au protecteur cette autorité.

LUI

Mais si les personnages n'étaient pas ridicules par eux-mêmes, on n'en ferait pas de bons contes. Et puis, est-ce ma faute s'ils s'encanaillent? Est-ce ma faute, lorsqu'ils sont encanaillés, si on les trahit, si on les bafoue? Quand on se résout à vivre avec des gens comme nous, et qu'on a le sens commun, il y a je ne sais combien de noirceurs auxquelles il faut s'attendre. Quand on nous prend, ne nous connait-on pas pour ce que nous sommes, pour des âmes intéressées, viles et perfides? Si l'on nous connaît, tout est bien. Il y a un pacte tacite qu'on nous fera du bien, et que tôt ou tard nous rendrons le mal pour le bien qu'on nous aura fait. Ce pacte ne subsiste-t-il pas entre l'homme et son singe et son perroquet? Le Brun jette les hauts cris que Palissot, son convive et son ami, ait fait des couplets contre lui. Palissot a dû faire les couplets, et c'est Le Brun qui a tort. Poinsinet jette les hauts cris que Palissot ait mis sur son compte les couplets qu'il avait faits contre Le Brun : Palissot a dû mettre sur le compte de Poinsinet les couplets qu'il avait faits contre Le Brun, et c'est Poinsinet qui a tort. Le petit abbé Rey jette les hauts cris de ce que son ami Palissot lui a soufflé sa maîtresse, auprès de laquelle il l'avait introduit : c'est qu'il ne fallait point introduire un Palissot chez sa maîtresse, ou se résoudre à la perdre; Palissot a fait son devoir, et c'est l'abbé Rey qui a tort. Le libraire David jette les hauts cris de ce que son associé Palissot a couché ou voulu coucher avec sa femme; la femme du libraire David jette les hauts cris de ce que Palissot a laissé croire à qui l'a voulu qu'il avait couché avec elle; que Palissot ait couché ou non avec la femme du libraire, ce qui est difficile à décider, car la femme a dû nier ce qui était, et Palissot a pu laisser croire ce qui n'était pas; quoi qu'il en soit, Palissot a fait son rôle, et c'est David et sa femme qui ont tort. Qu'Helvétius jette les hauts cris que Palissot le traduise sur la scène comme un malhonnête homme, lui à qui il doit encore l'argent qu'il lui prêta pour se faire traiter de la mauvaise santé, se nourrir et se vêtir : a-t-il dû se promettre un autre procédé de la part d'un homme souillé de toutes sortes d'infamies, qui par passe-temps fait abjurer la religion à son ami; qui s'empare du bien de ses associés; qui n'a ni foi, ni loi, ni sentiment; qui court à la fortune *per fas et nefas*, qui compte ses jours par ses scéléralesses, et qui s'est traduit lui-même sur la scène comme un des plus dangereux coquins, impudence dont je ne crois pas qu'il y eût dans le passé un premier exemple, ni qu'il y en ait un second dans l'avenir? Non. Ce n'est donc pas Palissot, mais c'est Helvétius qui a tort. Si l'on mène un jeune provincial à la Ménagerie de Versailles, et qu'il s'avise par sottise de passer la main à travers les barreaux de la loge du tigre ou de la panthère; si le jeune homme laisse son bras dans la gueule de l'animal féroce, qui est-ce qui a tort? Tout cela est écrit dans le pacte tacite; tant pis pour celui qui l'ignore ou l'oublie. Combien je justifierais, par ce pacte universel et sacré, de gens qu'on accuse de méchanceté, tandis que c'est soi qu'on devrait accuser de sottise! Oui, grosse comtesse, c'est vous qui avez tort, lorsque vous rassemblez autour de vous ce qu'on appelle parmi les gens de votre sorte des espèces, et que ces espèces vous font des vilenies, vous en font faire, et vous exposent au ressentiment des honnêtes gens. Les honnêtes gens font ce qu'ils doivent, les espèces aussi; et c'est vous qui avez tort de les accueillir. Si *Bertinus* vivait doucement, paisiblement avec sa maîtresse; si par l'honnêteté de leurs caractères ils s'étaient fait des connaissances honnêtes ; s'ils avaient appelé autour d'eux des hommes à talents; des gens connus dans la société par leur vertu; s'ils avaient réservé pour une petite société éclairée et choisie les heures de distraction qu'ils auraient dérobées à la douceur d'être ensemble, de s'aimer, de se le dire dans le silence de la retraite, croyez-vous qu'on en eût fait ni bons ni mauvais contes? Que leur est-il donc arrivé? ce qu'ils méritaient; ils ont été punis de leur imprudence, et c'est nous que la Providence avait destinés de toute éternité à faire justice des Bertins du jour, et ce sont nos pareils d'entre nos neveux qu'elle a destinés à faire justice des Montsauges et des Bertins à venir. Mais, tandis que nous exécutons ses justes décrets sur la sottise, vous qui nous peignez tels que nous sommes, vous exécutez ses justes décrets sur nous. Que penseriez-vous de nous si nous prétendions, avec des mœurs honteuses, jouir de la considération publique? Que nous sommes des insensés. Et ceux qui s'attendent à des procédés honnêtes de la part de gens nés vicieux, de caractères vils et bas, sont-ils sages? Tout a son vrai loyer dans ce monde. Il y a deux procureurs généraux, l'un à votre porte, qui châtie les délits contre la société; la nature est l'autre. Celle-ci connaît de tous les vices qui échappent aux lois. Vous vous livrez à la débauche des femmes, vous serez hydropique; vous êtes crapuleux, vous serez poumonique; vous ouvrez votre porte à des marauds et vous vivez avec eux, vous serez trahi, persiflé, méprisé : le plus court est de se résigner à l'équité de ces jugements, et de se dire à soi-même : c'est bien fait; de secouer ses oreilles et de s'amender, ou de rester ce qu'on est, mais aux conditions susdites.

MOI

Vous avez raison.

LUI

Au demeurant, de ces mauvais contes, moi je n'en invente aucun, je m'en tiens au rôle de colporteur. Ils disent qu'il y a quelques jours, sur les cinq heures du matin, on entendit un vacarme enragé, toutes les sonnettes étaient en branle, c'étaient les cris interrompus et sourds d'un homme qu'on étouffe : A moi...moi... je suffoque... je meurs... Ces cris partaient de l'appartement du patron. On arrive, on le secourt. Notre grosse créature dont la tête était égarée, qui n'y était plus, qui n'y voyait plus, comme il arrive dans ce moment, s'élevait sur ses deux mains et, du plus haut qu'elle pouvait, laissait retomber sur les parties casuelles un poids de deux à trois cents livres, animé de toute la vitesse que donne la fureur du plaisir. On eut beaucoup de peine à le dégager de là. Quelle diable de fantaisie à un petit marteau de se placer sous une lourde enclume ?

MOI

Vous êtes un polisson. Parlons d'autre chose. Depuis que nous causons, j'ai une question sur la lèvre.

LUI

Pourquoi l'avoir arrêtée là si longtemps ?

MOI

C'est que j'ai craint qu'elle ne fût indiscrète.

LUI

Après ce que je viens de vous révéler, j'ignore quel secret je puis avoir pour vous.

MOI

Vous ne doutez pas du jugement que je porte de votre caractère ?

LUI

Nullement. Je suis à vos yeux un être très abject, très méprisable, et je le suis aussi quelquefois aux miens, mais rarement ; je me félicite plus souvent de mes vices que je ne m'en blâme ; vous êtes plus constant dans votre mépris.

MOI

Il est vrai ; mais pourquoi me montrer toute votre turpitude ?

LUI

D'abord, c'est que vous en connaissiez une bonne partie, et que je voyais plus à gagner qu'à perdre à vous avouer le reste.

MOI

Comment cela, s'il vous plaît ?

LUI

S'il importe d'être sublime en quelques genres, c'est surtout en mal. On crache sur un petit filou, mais on ne peut refuser une sorte de considération à un grand criminel ; son courage vous étonne, son atrocité vous fait frémir. On prise en tout l'unité du caractère.

MOI

Mais cette estimable unité de caractère, vous

ne l'avez pas encore ; je vous trouve de temps en temps vacillant dans vos principes ; il est incertain si vous tenez votre méchanceté de la nature ou de l'étude, et si l'étude vous a porté aussi loin qu'il est possible.

LUI

J'en conviens ; mais j'y ai fait de mon mieux. N'ai-je pas eu la modestie de reconnaître des êtres plus parfaits que moi ? Ne vous ai-je pas parlé de *Bouret* avec l'admiration la plus profonde ? *Bouret* est le premier homme du monde, dans mon esprit.

MOI

Mais immédiatement après Bouret, c'est vous ?

LUI

Non.

MOI

C'est donc Palissot ?

LUI

C'est Palissot, mais ce n'est pas Palissot seul.

MOI

Et qui peut être digne de partager le second rang avec lui ?

LUI

Le renégat d'Avignon.

MOI

Je n'ai jamais entendu parler de ce renégat d'Avignon, mais ce doit être un homme bien étonnant.

LUI

Aussi l'est-il.

MOI

L'histoire des grands personnages m'a toujours intéressé.

LUI

Je le crois bien. Celui-ci vivait chez un bon et honnête de ces descendants d'Abraham, promis au Père des Croyants en nombre égal à celui des étoiles.

MOI

Chez un juif ?

LUI

Chez un juif. Il avait d'abord surpris la commisération, ensuite la bienveillance, enfin la confiance la plus entière ; car voilà comme il arrive toujours : nous comptons tellement sur nos bienfaits, qu'il est rare que nous cachions notre secret à celui que nous avons comblé de nos bontés ; le moyen qu'il n'y ait pas des ingrats, quand nous exposons l'homme à la tentation de l'être impunément ? C'est une réflexion juste que notre juif ne fit pas. Il confia donc au renégat qu'il ne pouvait en conscience manger du cochon. Vous allez voir tout le parti qu'un esprit fécond sut tirer de cet aveu. Quelques mois se passèrent pendant lesquels notre renégat redoubla d'attachement ; quand il crut son juif bien touché, bien captivé, bien convaincu par ses soins qu'il n'avait pas un meilleur ami dans toutes les tribus d'Israël... Admirez la circonspection de cet homme ! il ne se hâte pas, il laisse mûrir la poire avant de secouer la branche : trop d'ardeur pouvait faire échouer son projet. C'est qu'ordinairement la grandeur de caractère résulte de la balance naturelle de plusieurs qualités opposées.

MOI

Eh ! laissez là vos réflexions et continuez-moi votre histoire.

LUI

Cela ne se peut ; il y a des jours où il faut que je réfléchisse, c'est une maladie qu'il faut abandonner à son cours. Où en étais-je ?

MOI

A l'intimité bien établie entre le juif et le renégat.

LUI

Alors, la poire était mûre... Mais vous ne m'écoutez pas, à quoi rêvez-vous ?

MOI

Je rêve à l'inégalité de votre ton, tantôt haut, tantôt bas.

LUI

Est-ce que le ton de l'homme vicieux peut être un ?... Il arrive un soir chez son bon ami, l'air effaré, la voix entrecoupée, le visage pâle comme la mort, tremblant de tous ses membres.

« Qu'avez-vous ?

— Nous sommes perdus.

— Perdus ! et comment ?

— Perdus ! vous dis-je, perdus sans ressource.

— Expliquez-vous.

— Un moment, que je me remette de mon effroi.

— Allons, remettez-vous, » lui dit le juif, au lieu de lui dire : « Tu es un fieffé fripon ; je ne sais ce que tu as à m'apprendre, mais tu es un fieffé fripon, tu joues la terreur. »

MOI

Et pourquoi lui devait-il parler ainsi ?

LUI

C'est qu'il était faux, et qu'il avait passé la mesure ; cela est clair pour moi, et ne m'interrompez pas davantage. « Nous sommes perdus... perdus !... sans ressource !... » Est-ce que vous ne sentez pas l'affectation de ces *perdus* répétés ? « Un traître nous a déférés à la Sainte Inquisition, vous comme juif, moi comme renégat, comme un infâme renégat... » Voyez comme le traître ne rougit pas de se servir d'expressions les plus odieuses. Il faut plus de courage qu'on ne pense pour s'appeler de son nom ; vous ne savez pas ce qu'il en coûte pour en venir là.

MOI

Non, certes. Mais cet infâme renégat?...

LUI

Est faux, mais c'est une fausseté bien adroite. Le juif s'effraye, il s'arrache la barbe, il se roule à terre, il voit les sbires à sa porte, il se voit affublé du *san benito*, il voit son *auto-*

da-fé préparé. « Mon ami, mon tendre ami, mon unique ami, quel parti prendre?

— Quel parti? De se montrer, d'affecter la plus grande sécurité, de se conduire comme à l'ordinaire. La procédure de ce tribunal est secrète, mais lente; il faut user de ses délais pour tout vendre. J'irai louer, ou je ferai louer un bâtiment par un tiers, oui par un tiers, ce sera le mieux; nous y déposerons votre fortune, car c'est à votre fortune principalement qu'ils en veulent, et nous irons, vous et moi, chercher sous un autre ciel la liberté de servir notre Dieu et de suivre en sûreté la loi d'Abraham et de notre conscience. Le point important, dans la circonstance périlleuse où nous nous trouvons, est de ne point faire d'imprudence... »

Fait et dit. Le bâtiment est loué et pourvu de vivres et de matelots; la fortune du juif est à bord; demain à la pointe du jour, ils mettent à la voile, ils peuvent souper gaiement et dormir en sûreté, demain ils échappent à leurs persécuteurs. Pendant la nuit, le renégat se lève, dépouille le juif de son portefeuille, de sa bourse et de ses bijoux, se rend à bord, et le voilà parti. Et vous croyez que c'est là tout? Bon! vous n'y êtes pas. Lorsqu'on me raconta

A. Clément — F. Milius grav. et sc.

Pendant la nuit le renégat se lève, dépouille le juif.

cette histoire, moi je devinai ce que je vous ai tu pour essayer votre sagacité. Vous avez bien fait d'être un honnête homme, vous n'auriez été qu'un friponneau. Jusqu'ici le renégat n'est que cela, c'est un coquin méprisable, à qui personne ne voudrait ressembler. Le sublime de sa méchanceté, c'est d'avoir été lui-même le délateur de son bon ami l'israélite, dont la Sainte Inquisition s'empara à son réveil, et dont, quelques jours après, on fit un beau feu de joie. Et ce fut ainsi que le renégat devint tranquille possesseur de la fortune de ce descendant maudit de ceux qui ont crucifié Notre-Seigneur.

MOI

Je ne sais lequel des deux me fait le plus d'horreur, ou de la scélératesse de votre renégat, ou du ton dont vous en parlez.

LUI

Et voilà ce que je vous disais : l'atrocité de l'action vous porte au delà du mépris, et c'est la raison de ma sincérité. J'ai voulu que vous connussiez jusqu'où j'excellais dans mon art, vous arracher l'aveu que j'étais au moins original dans mon avilissement, me placer dans votre tête sur la ligne des grands vauriens, et m'écrier ensuite : *Vivat Mascarillus, fourbum imperator!* Allons, gai! monsieur le Philosophe, chorus! *Vivat Mascarillus, fourbum imperator!*

(Et là-dessus il se mit à faire un chant en fugue tout à fait singulier; tantôt la mélodie était grave et pleine de majesté, tantôt légère et folâtre ; dans un instant il imitait la basse, dans un autre une des parties du dessus; il m'indiquait de ses bras et de son cou allongé les endroits des tenues, et s'exécutait, se composait à lui-même un chant de triomphe, où l'on voyait qu'il s'entendait mieux en bonne musique qu'en bonnes mœurs.

Je ne savais, moi, si je devais rester ou fuir, rire ou m'indigner; je restai, dans le dessein de tourner la conversation sur quelque sujet qui chassât de mon âme l'horreur dont elle était remplie. Je commençais à supporter avec peine la présence d'un homme qui discutait une action horrible, un exécrable forfait, comme un connaisseur en peinture ou en poésie examine les beautés d'un ouvrage de goût, ou comme un moraliste ou un historien relève et fait éclater les circonstances d'une action héroïque. Je devins sombre malgré moi; il s'en aperçut et me dit :)

— Qu'avez-vous ? Est-ce que vous vous trouvez mal ?

MOI

Un peu, mais cela passera.

LUI

Vous avez l'air soucieux d'un homme tracassé de quelque idée sombre.

MOI

C'est cela...

(Après un moment de silence de sa part et de la mienne, pendant lequel il se promenait en sifflant et en chantant, pour le ramener à son talent, je lui dis :)

— Que faites-vous, à présent ?

LUI

Rien.

MOI

Cela est très fatigant.

LUI

J'étais déjà suffisamment bête ; j'ai été entendre cette musique de Duni et de nos autres jeunes faiseurs, qui m'a achevé.

MOI

Vous approuvez donc ce genre ?

LUI

Sans doute.

MOI

Et vous trouvez de la beauté dans ces nouveaux chants ?

LUI

Si j'y en trouve ! pardieu, je vous en réponds. Comme cela est déclamé ! quelle vérité ! quelle expression !

MOI

Tout art d'imitation a son modèle dans la nature. Quel est le modèle du musicien quand il fait un chant ?

LUI

Pourquoi ne pas prendre la chose de plus haut ? Qu'est-ce qu'un chant ?

MOI

Je vous avouerai que cette question est au-dessus de mes forces. Voilà comme nous sommes tous : nous n'avons dans la mémoire que des mots que nous croyons entendre par l'usage fréquent et l'application même juste que nous en faisons ; dans l'esprit que des notions vagues. Quand je prononce le mot chant, je n'ai pas de notions plus nettes que vous et la plupart de vos semblables, quand ils disent: réputation, blâme, honneur, vice, vertu, pudeur, décence, honte, ridicule.

LUI

Le chant est une imitation, par les sons, d'une échelle inventée par l'art ou inspirée par la nature, comme il vous plaira, ou par la voix ou par l'instrument, des bruits physiques ou des accents de la passion, et vous voyez qu'en changeant là dedans les choses à changer, la définition conviendrait exactement à la peinture, à l'éloquence, à la sculpture et à la poésie. Maintenant, pour en venir à votre question, quel est le modèle du musicien ou du chant? C'est la déclamation, si le modèle est vivant et pensant; c'est le bruit, si le modèle est inanimé. Il faut considérer la déclamation comme une ligne, et le chant comme une autre ligne qui serpenterait sur la première. Plus cette déclamation, type du chant, sera forte et vraie, plus le chant qui s'y conforme la coupera en un plus grand nombre de points; plus le chant sera vrai, et plus il sera beau; et c'est ce qu'ont très bien senti nos jeunes musiciens. Quand on entend : *Je suis un pauvre misérable*, on croit reconnaître la plainte d'un avare; s'il ne chantait pas, c'est sur les mêmes tons qu'il parlerait à la terre quand il lui confie son or et qu'il lui dit : *O terre, reçois mon trésor*. Et cette petite fille qui sent palpiter son cœur, qui rougit, qui se trouble, et qui supplie monseigneur de la laisser partir, s'exprimerait-elle autrement? Il y a dans ces ouvrages toutes sortes de caractères, une variété infinie de déclamation : cela est sublime, c'est moi qui vous le dis. Allez, allez entendre le morceau où le jeune homme qui se sent mourir s'écrie : *Mon cœur s'en va !* Écoutez le chant, écoutez la symphonie, et vous me direz après quelle différence il y a entre les vraies voix d'un moribond et le tour de ce chant; vous verrez si la ligne de la mélodie ne coïncide pas tout entière avec la ligne de la déclamation. Je ne vous parle pas de la mesure, qui est encore une des conditions du chant ; je m'en tiens à l'expression, et il n'y a rien de plus évident que le passage suivant, que j'ai lu quelque part : *Musices seminarium accentus*, l'accent est la pépinière de la mélodie. Jugez de là de quelle difficulté et de quelle importance il est de savoir bien faire le récitatif. Il n'y a point de bel air dont on ne puisse faire un beau récitatif, et point de beau récitatif dont un habile homme ne puisse faire un bel air. Je ne voudrais pas assurer que celui qui récite bien chantera bien ; mais je serais surpris que celui qui chante bien ne sût pas bien réciter. Et croyez tout ce que je vous dis là, car c'est le vrai.

MOI

Je ne demanderais pas mieux que de vous en croire , si je n'étais arrêté par un petit inconvénient.

LUI

Et cet inconvénient ?

MOI

C'est que si cette musique est sublime, il faut que celle du divin Lulli, de Campra, de Destouches, de Mouret, et même, soit dit entre nous, celle du cher oncle, soit un peu plate.

LUI

(S'approchant de mon oreille, me répondit :) — Je ne voudrais pas être entendu, car il y a ici beaucoup de gens qui me connaissent ; c'est qu'elle l'est aussi. Ce n'est pas que je me soucie du cher oncle, puisque cher il y a : c'est une pierre; il me verrait tirer la langue d'un pied qu'il ne me donnerait pas un verre d'eau. Mais il a beau faire, à l'octave, à la septième : *Hon, hon ; hin, hin ; tu, tu, tu, turlututu,* avec un charivari de diable ; ceux qui commencent à s'y connaître, et qui ne prennent plus du tintamarre pour de la musique, ne s'accommoderont jamais de cela. On devrait défendre par une ordonnance de police à toute personne, de quelque qualité ou condition qu'elle fût, de faire chanter le *Stabat* de Pergolèse. Ce *Stabat*, il fallait le faire brûler par la main du bourreau ! Ma foi, ces maudits bouffons, avec leur *Servante maîtresse*, leur *Tracallo*, nous en ont donné rudement dans le cul. Autrefois un *Tancrède,* une *Issé*, une *Europe galante, les Indes, Castor*, les *Talents lyriques*, allaient à quatre, cinq, six mois ; on ne voyait pas la fin des représentations d'une *Armide*. A présent, tout cela vous tombe les uns sur les autres comme des capucins de cartes. Aussi Rebel et Francœur en jettent-ils feu et flamme. Ils disent que tout est perdu, qu'ils sont ruinés, et que si l'on tolère plus longtemps cette canaille chantante de la Foire, la musique nationale est au diable, et que l'Académie royale du cul-de-sac n'a qu'à fermer boutique. Il y a bien quelque chose de vrai là dedans. Les vieilles perruques qui viennent là, depuis trente à quarante ans, tous les vendredis, au lieu de s'amuser comme ils ont fait par le passé, s'ennuient et bâillent sans trop savoir pourquoi ; ils se le demandent et ne sauraient se répondre. Que ne s'adressent-ils à moi? La prédiction de Duni s'accomplira; et, du train que cela prend, je veux mourir si dans quatre à cinq ans, à dater du *Peintre amoureux de son modèle*, il y a un chat à fesser dans le célèbre impasse. Les bonnes gens! ils ont renoncé à leurs symphonies pour jouer des symphonies italiennes. Ils ont cru qu'ils feraient leurs oreilles à celles-ci, sans conséquence pour leurs musiques vocales ; comme si la symphonie n'était pas au chant, à un peu de libertinage près, inspiré par l'étendue de l'instrument et la mobilité des doigts, ce que le chant est à la déclamation réelle ; comme si le violon n'était pas le singe du chanteur, qui deviendra un jour, lorsque le difficile prendra la place du beau, le singe du violon. Le premier qui joua Locatelli fut l'apôtre de la nouvelle musique. A d'autres, à d'autres! on nous accoutumera à l'imitation des accents de la passion ou des phénomènes de la nature par le chant et la voix, par l'instrument, car voilà toute l'étendue de l'objet de la musique ; et nous conserverons notre goût pour les vols, les lances, les gloires, les triomphes, les victoires! Va-t'en voir s'ils viennent, Jean. Ils ont imaginé qu'ils pleureraient ou riraient à des scènes de tragédie ou de comédie musiquées; qu'on porterait à leurs oreilles les accents de la fureur, de la haine, de la jalousie, les vraies plaintes de l'amour, les ironies, les plaisanteries du théâtre italien ou français, et qu'ils resteraient admirateurs de *Ragonde* et de *Platée!* Je t'en réponds, tarare ponpon... Qu'ils éprouveraient sans cesse avec quelle facilité, quelle flexibilité, quelle mollesse, l'harmonie, la prosodie, les ellipses, les inversions de la langue italienne se prêtaient à l'art, au mouvement, à l'expression, aux tours du chant et à la valeur mesurée des sons, et qu'ils continueraient d'ignorer combien la leur est roide, sourde, lourde, pesante, pédantesque et monotone. Eh! oui, oui; ils se sont persuadé qu'après avoir mêlé leurs larmes aux pleurs d'une mère qui se désole sur la mort de son fils, après avoir frémi de l'ordre d'un tyran qui ordonne un meurtre, ils ne s'ennuieraient pas de leur féerie, de leur insipide mythologie, de leurs petits madrigaux doucereux qui ne marquent pas moins le mauvais goût du poète que la misère de l'art qui s'en accommode. Les bonnes gens! cela n'est pas et ne peut être; le vrai, le bon, le beau ont leurs droits: on les conteste, mais on finit par admirer. Ce qui n'est pas marqué à ce coin, on l'admire un temps, mais on finit par bâiller. Bâillez donc, messieurs, bâillez à votre aise, ne vous gênez pas. L'empire de la nature et de ma trinité, contre laquelle les portes de l'enfer ne prévaudront jamais; le vrai, qui est le père, et qui engendre le bon, qui est le fils, d'où procède le beau, qui est le saint-esprit, s'établit tout doucement. Le dieu étranger se place humblement sur l'autel, à côté de l'idole du pays; peu à peu il s'y affermit; un beau jour il pousse du coude son camarade, et patatras! voilà l'idole en bas. C'est comme cela qu'on dit que les jésuites ont planté le christianisme à la Chine et aux Indes, et ces jansénistes ont beau dire, cette méthode politique qui marche à son but sans bruit, sans effusion de sang, sans martyrs, sans un toupet de cheveux arraché, me semble la meilleure.

MOI

Il y a de la raison à peu près dans tout ce que vous venez de dire.

LUI

De la raison! tant mieux. Je veux que le

diable m'emporte si j'y tâche. Cela va comme je te pousse. Je suis comme les musiciens de l'impasse quand mon oncle parut. Si j'adresse, à la bonne heure. C'est qu'un garçon charbonnier parlera toujours mieux de son métier que toute une académie et que tous les Duhamel du monde...

(Et puis le voilà qui se met à se promener, en murmurant dans son gosier quelques-uns des airs de *l'Ile des fous,* du *Peintre amoureux de son modèle,* du *Maréchal ferrant,* de *la Plaideuse;* et de temps en temps il s'écriait, en levant les mains et les yeux au ciel :) Si cela est beau, mordieu! si cela est beau! Comment peut-on porter à sa tête une paire d'oreilles, et se faire une pareille question? (Il commençait à entrer en passion et à chanter tout bas, il élevait le ton à mesure qu'il se passionnait davantage; vinrent ensuite les gestes, les grimaces du visage et les contorsions du corps ; et je dis : Bon ! voilà la tête qui se perd, et quelque scène nouvelle qui se prépare...)

En effet, il part d'un éclat de voix : *Je suis un pauvre misérable... Monseigneur, monseigneur, laissez-moi partir... O terre, reçois mon or, conserve bien mon trésor, mon âme, mon âme, ma vie! O terre!... Le voilà le petit ami, le voilà le petit ami!... Aspettare e non venire... A Zerbina penserete... Sempre in contrasti con te si sta...* Il entassait et brouillait ensemble trente airs italiens, français, tragiques, comiques, de toutes sortes de caractères. Tantôt, avec une voix de basse-taille, il descendait jusqu'aux enfers, tantôt, s'égosillant et contrefaisant le fausset, il déchirait le haut des airs; imitant, de la démarche, du maintien, du geste, les différents personnages chantants; successivement furieux, radouci, impérieux, ricaneur. Ici c'est une jeune fille qui pleure, et il en rend toute la minauderie; là, il est prêtre, il est roi, il est tyran; il menace, il commande, il s'emporte; il est esclave, il obéit; il s'apaise, il se désole, il se plaint, il rit; jamais hors de ton, de mesure, du sens des paroles et du caractère de l'air.

Tous les pousse-bois avaient quitté leurs échiquiers et s'étaient rassemblés autour de lui; les fenêtres du café étaient occupées en dehors par les passants qui s'étaient arrêtés au bruit. On faisait des éclats de rire à entr'ouvrir le plafond. Lui n'apercevait rien; il continuait, saisi d'une aliénation d'esprit, d'un enthousiasme si voisin de la folie, qu'il est incertain qu'il en revienne, s'il ne faudra pas le jeter dans un fiacre et le mener droit aux Petites-Maisons. En chantant un lambeau des *Lamentations* de Jomelli, il répétait avec une précision, une vérité et une chaleur incroyables les plus beaux endroits de chaque morceau : ce beau récitatif obligé où le Prophète peint la désolation de Jérusalem, il l'arrosa d'un torrent de larmes qui en arrachèrent de tous les yeux. Tout y était, et la délicatesse du chant, et la force de l'expression, et la douleur. Il insistait sur les endroits où le musicien s'était particulièrement montré un grand maître. S'il quittait la partie du chant, c'était pour prendre celle des instruments, qu'il laissait subitement pour revenir à la voix, entrelaçant l'une à l'autre de manière à conserver les liaisons et l'unité du tout, s'emparant de nos âmes, et les tenant suspendues dans la situation la plus singulière que j'aie jamais éprouvée. Admirais-je? oui, j'admirais. Étais-je touché de pitié! j'étais touché de pitié; mais une teinte de ridicule était fondue dans ses sentiments, et les dénaturait.

Mais vous vous seriez échappé en éclats de rire à la manière dont il contrefaisait les différents instruments; avec des joues renflées et bouffies et un son rauque et sombre, il rendait les cors et les bassons; il prenait un son éclatant et nasillard pour les hautbois; précipitant sa voix avec une rapidité incroyable pour les instruments à cordes dont il cherchait les sons les plus approchés; il sifflait les petites flûtes, il roucoulait les traversières, criant, chantant, se démenant comme un forcené, faisant à lui seul les danseurs, les danseuses, les chanteurs, les chanteuses, tout un orchestre, tout un théâtre lyrique, et se divisant en vingt rôles divers; courant, s'arrêtant avec l'air d'un énergumène, étincelant des yeux, écumant de la bouche.

Il faisait une chaleur à périr, et la sueur qui suivait les plis de son front et la longueur de ses joues, se mêlait à la poudre de ses cheveux, ruisselait et sillonnait le haut de son habit. Que ne lui vis-je pas faire? Il pleurait, il riait, il soupirait, il regardait, ou attendri, ou tranquille, ou furieux : c'était une femme qui se pâme de douleur, c'était un malheureux livré à tout son désespoir; un temple qui s'élève, des oiseaux qui se taisent au soleil couchant; des eaux ou qui murmurent dans un lieu solitaire et frais, ou qui descendent en torrent du haut des montagnes; un orage, une tempête, la plainte de ceux qui vont périr, mêlée au sifflement des vents, au fracas du tonnerre; c'était la nuit avec ses ténèbres, c'était l'ombre et le silence, car le silence même se peint par des sons. Sa tête était tout à fait perdue.

Épuisé de fatigue, tel qu'un homme qui sort d'un profond sommeil ou d'une longue distraction, il resta immobile, stupide, étonné; il tournait ses regards autour de lui comme un homme égaré qui cherche à reconnaître le lieu où il se trouve; il attendait le retour de ses forces et de ses esprits; il essuyait machinalement son visage. Semblable à celui qui verrait à son réveil son lit environné d'un grand nombre de personnes dans un entier oubli ou dans une profonde ignorance de ce qu'il a fait, il s'écria dans le premier moment : « Eh bien! messieurs, qu'est-ce qu'il y a? D'où viennent vos ris et votre surprise? qu'est-ce qu'il y a?...» (Ensuite il ajouta :) « Voilà ce qu'on doit appeler de la musique et un musicien! Cependant, messieurs, il ne faut pas mépriser certains airs de Lulli. Qu'on fasse mieux la scène de *J'attendrai*, sans changer les paroles, j'en défie. Il ne faut pas mépriser quelques endroits de Campra, les airs de violon de mon oncle, ses gavottes, ses entrées de soldats, de prêtres, de sacrificateurs : *Pâles flambeaux, Jour plus affreux que les ténèbres.... Dieux du Tartare, dieux de l'oubli...* » (Là il enflait sa voix, il soutenait ses sons; les voisins se mettaient aux fenêtres, nous mettions nos doigts dans nos oreilles. Il ajoutait :) C'est qu'ici il faut des poumons, un grand organe, un volume d'air. Mais, avant peu, serviteur à l'Assomption! le Carême et les Rois sont passés. Ils ne savent pas encore ce qu'il faut mettre en musique, ni par conséquent ce qui convient au musicien. La poésie lyrique est encore à naître; mais ils y viendront à force d'entendre Pergolèse, le Saxon, Terradeglias, Traetta et les autres; à force de lire le Métastase, il faudra bien qu'ils y viennent.

MOI

Quoi donc! est-ce que Quinault, La Motte, Fontenelle n'y ont rien entendu?

LUI

Non, pour le nouveau style. Il n'y a pas six vers de suite, dans tous leurs charmants poèmes, qu'on puisse musiquer. Ce sont des sentences ingénieuses, des madrigaux légers, tendres et délicats. Mais pour savoir combien cela est vide de ressources pour notre art, le plus violent de tous, sans en excepter celui de

Démosthène, faites-vous réciter ces morceaux : ils vous paraîtront froids, languissants, monotones. C'est qu'il n'y a rien là qui puisse servir de modèle au chant ; j'aimerais autant avoir à musiquer les Maximes de La Rochefoucauld ou les Pensées de Pascal. C'est au cri animal de la passion à dicter la ligne qui nous convient ; il faut que ces expressions soient pressées les unes sur les autres ; il faut que la phrase soit courte, que le sens en soit coupé, suspendu ; que le musicien puisse disposer du tout et de chacune de ses parties, en omettre un mot ou le répéter, y en ajouter un qui lui manque, la tourner et retourner comme un polype, sans la détruire ; ce qui rend la poésie lyrique française beaucoup plus difficile que dans les langues à inversions, qui présentent d'elles-mêmes tous ces avantages... *Barbare, cruel, plonge ton poignard dans mon sein ; me voilà prête à recevoir le coup fatal ; frappe, ose... Ah! je languis, je meurs... Un feu secret s'allume dans mes sens... Cruel amour, que veux-tu de moi? Laisse-moi la douce paix dont j'ai joui... rends-moi la raison...* Il faut que les passions soient fortes ; la tendresse du musicien et du poète lyrique doit être extrême ; l'air est presque toujours la péroraison de la scène. Il nous faut des exclamations, des interjections, des suspensions, des interruptions, des affirmations, des négations; nous appelons, nous invoquons, nous crions, nous gémissons, nous pleurons, nous rions franchement. Point d'esprit, point d'épigrammes, point de ces jolies pensées; cela est trop loin de la simple nature. Et n'allez pas croire que le jeu des acteurs de théâtre et leur déclamation puissent nous servir de modèles. Fi donc! il nous le faut plus énergique, moins maniéré, plus vrai; les discours simples, les voix communes de la passion nous sont d'autant plus nécessaires que la langue sera plus monotone, aura moins d'accent; le cri animal ou de l'homme passionné leur en donne...

(Tandis qu'il me parlait ainsi, la foule qui nous environnait, ou n'entendant rien, ou prenant peu d'intérêt à ce qu'il disait, parce qu'en général l'enfant comme l'homme, et l'homme comme l'enfant, aime mieux s'amuser que s'instruire, s'était retirée; chacun était à son jeu, et nous étions restés seuls dans notre coin. Assis sur une banquette, la tête appuyée contre le mur, les bras pendants, les yeux à demi fermés, il me dit :)

Je ne sais ce que j'ai; quand je suis

venu ici, j'étais frais et dispos, et me voilà roué, brisé, comme si j'avais fait dix lieues; cela m'a pris subitement.

MOI

Voulez-vous vous rafraichir?

LUI

Volontiers. Je me sens enroué, les forces me manquent, et je souffre un peu de la poitrine. Cela m'arrive presque tous les jours comme cela, sans que je sache pourquoi.

MOI

Que voulez-vous?

LUI

Ce qui vous plaira, je ne suis pas difficile : l'indigence m'a appris à m'accommoder de tout.

(On nous servit de la bière, de la limonade; il en remplit un grand verre qu'il vide deux ou trois fois; puis, comme un homme ranimé, il tousse fortement, il se démène, il reprend :)

Mais à votre avis, seigneur Philosophe, n'est-ce pas une bizarrerie bien étrange qu'un étranger, un Italien, un Duni, vienne nous apprendre à donner l'accent à notre musique et assujettir notre chant à tous les mouvements, à toutes les mesures, à tous les intervalles, à toutes les déclamations, sans blesser la prosodie? Ce n'était pas pourtant la mer à boire. Quiconque avait écouté un gueux lui demander l'aumône dans la rue, un homme dans le transport de la colère, une femme jalouse et furieuse, un amant désespéré, un flatteur, oui, un flatteur, radoucissant son ton, traînant ses syllabes d'une voix mielleuse, en un mot une passion, n'importe laquelle, pourvu que, par son énergie, elle méritât de servir de modèle au musicien, aurait dû s'apercevoir de deux choses : l'une, que les syllabes longues ou brèves n'ont aucune durée fixe, pas même de rapport déterminé entre leurs durées; que la passion dispose de la prosodie presque comme il lui plaît, qu'elle exécute les plus grands intervalles, et que celui qui s'écrie dans le fort de sa douleur « : Ah! malheureux que je suis! » monte la syllabe d'exclamation au ton le plus élevé et le plus aigu, et descend les autres aux tons les plus graves et les plus bas, faisant l'octave ou même un plus grand intervalle, et donnant à chaque son la quantité qui convient au tour de la mélodie, sans que l'oreille soit offensée, sans que ni syllabe longue ni syllabe brève aient conservé la longueur ou la brièveté du discours tranquille. Quel chemin nous avons fait depuis le temps où nous citions la parenthèse d'Armide : *Le vainqueur de Renaud (si quelqu'un le peut être)*, l'*Obéissons sans balancer*, des *Indes galantes*, comme des prodiges de déclamation musicale! A présent ces prodiges-là me font hausser les épaules de pitié. Du train dont l'art s'avance, je ne sais où il aboutira. En attendant, buvons un coup.

(Il en but deux, trois, sans savoir ce qu'il faisait. Il allait se noyer comme il s'était épuisé, sans s'en apercevoir, si je n'avais déplacé la bouteille qu'il cherchait de distraction. Alors je lui dis :)

Comment se fait-il qu'avec un tact aussi fin, une si grande sensibilité pour les beautés de l'art musical, vous soyez aussi aveugle sur les belles choses en morale, aussi insensible aux charmes de la vertu ?

LUI

C'est apparemment qu'il y a pour les unes un sens que je n'ai pas, une fibre qui ne m'a point été donnée, une fibre lâche qu'on a beau pincer et qui ne vibre pas ; ou peut-être que j'ai toujours vécu avec de bons musiciens et de méchantes gens, d'où il est arrivé que mon oreille est devenue très fine et que mon cœur est devenu sourd. Et puis c'est qu'il y avait quelque chose de race : le sang de mon père et le sang de mon oncle est le même sang; mon sang est le même que celui de mon père : la molécule paternelle était dure et obtuse, et cette maudite molécule première s'est assimilé tout le reste.

MOI

Aimez-vous votre enfant?

LUI

Si je l'aime, le petit sauvage! j'en suis fou.

MOI

Est-ce que vous ne vous occuperez pas sérieusement d'arrêter en lui l'effet de la maudite molécule paternelle?

LUI

J'y travaillerai, je crois, bien inutilement. S'il est destiné à devenir un homme de bien, je n'y nuirai pas; mais si la molécule voulait qu'il fût un vaurien comme son père, les peines que j'aurais prises pour en faire un homme honnête lui seraient très nuisibles. L'éducation croisant sans cesse la pente de la molécule, il serait tiré comme par deux forces contraires, et marcherait tout de guingois dans le chemin de la vie, comme j'en vois une infinité, également gauches dans le bien et dans le mal. C'est ce que nous appelons des espèces, de toutes les épithètes la plus redoutable, parce qu'elle marque la médiocrité et le dernier degré du mépris. Un grand vaurien est un grand vaurien, mais n'est point une espèce. Avant que la molécule paternelle n'eût repris le dessus, et ne l'eût amené à la parfaite abjection où j'en suis, il lui faudrait un temps infini; il perdrait ses plus belles années. Je n'y fais rien à présent, je le laisse venir, je l'examine. Il est déjà gourmand, patelin, filou, paresseux, menteur; je crains bien qu'il ne chasse de race.

MOI

Et vous en ferez un musicien, afin qu'il ne manque rien à la ressemblance?

LUI

Un musicien! un musicien! Quelquefois je le regarde en grinçant les dents, et je dis : Si tu devais jamais savoir une note, je crois que je te tordrais le cou.

MOI

Et pourquoi cela, s'il vous plaît?

LUI

Cela ne mène à rien.

MOI

Cela mène à tout.

LUI

Oui, quand on excelle; mais qu'est-ce qui peut se promettre de son enfant qu'il excellera? Il y a dix mille à parier contre un qu'il ne sera qu'un misérable racleur de cordes, comme moi. Savez-vous qu'il serait peut-être plus aisé de trouver un enfant propre à gouverner un royaume, à faire un grand roi, qu'un grand violon?

MOI

Il me semble que les talents agréables, même médiocres, chez un peuple sans mœurs, perdu de débauche et de luxe, avancent rapidement un homme dans le chemin de la fortune. Moi qui vous parle, j'ai entendu la conversation qui suit entre une espèce de protecteur et une espèce de protégé. Celui-ci avait été adressé au premier comme à un homme obligeant qui pourrait le servir. « Monsieur, que savez-vous?

— Je sais passablement les mathématiques.

— Eh bien, montrez les mathématiques; après vous être crotté dix à douze ans sur le pavé de Paris, vous aurez trois à quatre cents livres de rente.

— J'ai étudié les lois et je suis versé dans le droit.

— Si Puffendorf et Grotius revenaient au monde, ils mourraient de faim contre une borne.

— Je sais très bien l'histoire et la géographie.

— S'il y avait des parents qui eussent à cœur la bonne éducation de leurs enfants, votre fortune serait faite, mais il n'y en a point.

— Je suis assez bon musicien.

— Eh! que ne disiez-vous cela d'abord? Et pour vous faire voir le parti qu'on peut tirer de ce dernier talent, j'ai une fille : venez tous les jours, depuis sept heures et demie du soir jusqu'à neuf, vous lui donnerez leçon, et je vous donnerai vingt-cinq louis par an; vous déjeunerez, dînerez goûterez, souperez avec nous; le reste de votre journée vous appartiendra: vous en disposerez à votre profit.

LUI

Et cet homme, qu'est-il devenu?

MOI

S'il eût été sage, il eût fait fortune, la seule chose qu'il paraît que vous ayez en vue.

LUI

Sans doute. De l'or, de l'or; l'or est tout, et le reste, sans or, n'est rien. Aussi, au lieu de lui faire farcir la tête de belles maximes qu'il faudrait qu'il oubliât, sous peine de n'être qu'un gueux, lorsque je possède un louis, ce qui ne m'arrive pas souvent, je me plante devant lui, je tire le louis de ma poche, je le lui montre avec admiration, je lève les yeux au ciel, je baise le louis devant lui; et, pour lui faire entendre mieux encore l'importance de la pièce sacrée, je lui bégaye de la voix, je lui désigne du doigt tout ce qu'on peut en acquérir : un beau fourreau, un beau toquet, un bon biscuit; ensuite je mets le louis dans ma poche, je me promène avec fierté, je relève la basque de ma veste, je frappe de la main sur mon gousset; et c'est ainsi que je lui fais concevoir que c'est du louis qui est là que naît l'assurance qu'il me voit.

MOI

On ne peut rien de mieux; mais s'il arrivait

que, profondément pénétré de la valeur du louis, un jour...

LUI

Je vous entends. Il faut fermer les yeux là-dessus, il n'y a point de principe de morale qui n'ait son inconvénient. Au pis aller, c'est un mauvais quart d'heure et tout est fini.

MOI

Même d'après des vues si courageuses et si sages, je persiste à croire qu'il serait bon d'en faire un musicien. Je ne connais pas de moyen d'approcher plus rapidement des grands, de mieux servir leurs vices et de mettre à profit les siens.

LUI

Il est vrai; mais j'ai des projets d'un succès plus prompt et plus sûr. Ah! si c'était aussi bien une fille! Mais, comme on ne fait pas ce qu'on veut, il faut prendre ce qui vient, en tirer le meilleur parti, et pour cela ne pas donner bêtement, comme la plupart des pères qui ne feraient rien de pis quand ils auraient médité le malheur de leurs enfants, l'éducation de Lacédémone à un enfant destiné à vivre à Paris. Si elle est mauvaise, c'est la faute des mœurs de ma nation, et non la mienne; en répondra qui pourra. Je veux que mon fils soit heureux, ou, ce qui revient au même, honoré, riche et puissant. Je connais un peu les voies les plus faciles d'arriver à ce but, et je les lui enseignerai de bonne heure. Si vous me blâmez, vous autres sages, la multitude et le succès m'absoudront. Il aura de l'or, c'est moi qui vous le dis. S'il en a beaucoup, rien ne lui manquera, pas même votre estime et votre respect.

MOI

Vous pourriez vous tromper.

LUI

Ou il s'en passera, comme bien d'autres...

(Il y avait dans tout cela beaucoup de ces choses qu'on pense, d'après lesquelles on se conduit, mais qu'on ne dit pas. Voilà, en vérité, la différence la plus marquée entre mon homme et la plupart de nos entours : il avouait les vices qu'il avait, que les autres ont; mais il n'était pas hypocrite. Il n'était ni plus ni moins abominable qu'eux; il était seulement plus franc et plus conséquent, et quelquefois profond dans sa dépravation. Je tremblai de ce que son enfant deviendrait sous un pareil maître. Il est certain que, d'après des idées d'institution aussi strictement calquées sur nos mœurs, il devait aller loin, à moins qu'il ne fût prématurément arrêté en chemin.)

LUI

Oh! ne craignez rien: le point important, le point difficile auquel un bon père doit surtout s'attacher, ce n'est pas de donner à son enfant des vices qui l'enrichissent, des ridicules qui le rendent précieux aux grands : tout le monde le fait, sinon de système comme moi, au moins d'exemple et de leçon; mais de lui marquer la juste mesure, l'art d'esquiver à la honte, au déshonneur et aux lois. Ce sont des dissonances dans l'harmonie sociale qu'il faut savoir placer, préparer et sauver. Rien de si plat qu'une suite d'accords parfaits; il faut quelque chose qui pique, qui sépare le faisceau et qui en éparpille les rayons.

MOI

Fort bien; par cette comparaison vous me ramenez des mœurs à la musique, dont je m'étais écarté malgré moi, et je vous en remercie; car, à ne vous rien celer, je vous aime mieux musicien que moraliste.

LUI

Je suis pourtant bien subalterne en musique, et bien supérieur en morale.

MOI

J'en doute; mais quand cela serait, je suis un bon homme, et vos principes ne sont pas les miens.

LUI

Tant pis pour vous. Ah! si j'avais vos talents!

MOI

Laissons mes talents, et revenons aux vôtres.

LUI

Si je savais m'énoncer comme vous!... Mais j'ai un diable de ramage saugrenu, moitié des gens du monde et de lettres, moitié de la halle.

MOI

Je parle mal; je ne sais que dire la vérité, et cela ne prend pas toujours, comme vous savez.

LUI

Mais ce n'est pas pour dire la vérité; au contraire, c'est pour bien dire le mensonge que j'ambitionne votre talent. Si je savais écrire, fagoter un livre, tourner une épître dédicatoire, bien enivrer un sot de son mérite, m'insinuer auprès des femmes!

MOI

Et tout cela vous le savez mille fois mieux que moi: je ne serais pas même digne d'être votre écolier.

LUI

Combien de grandes qualités perdues, et dont vous ignorez le prix!

MOI

Je recueille tout celui que j'y mets.

LUI

Si cela était, vous n'auriez pas cet habit grossier, cette veste d'étamine, ces bas de laine, ces souliers épais et cette antique perruque.

MOI

D'accord; il faut être bien maladroit quand on n'est pas riche, et que l'on se permet tout pour le devenir; mais c'est qu'il y a des gens comme moi qui ne regardent pas la richesse comme la chose du monde la plus précieuse : gens bizarres.

LUI

Très bizarres. On ne naît point avec cette tournure d'esprit-là ; on se la donne, car elle n'est pas dans la nature...

MOI

De l'homme?

LUI

De l'homme : tout ce qui vit, sans l'en excepter, cherche son bien-être aux dépens de qui il appartiendra ; et je suis sûr que si je laissais venir le petit sauvage sans lui parler de rien, il voudrait être richement vêtu, splendidement nourri, chéri des hommes, aimé des femmes, et rassembler sur lui tous les bonheurs de la vie.

MOI

Si le petit sauvage était abandonné à lui-même, qu'il conservât toute son imbécillité, et qu'il réunît au peu de raison de l'enfant au berceau la violence des passions de l'homme de trente ans, il tordrait le cou à son père et coucherait avec sa mère.

LUI

Cela prouve la nécessité d'une bonne éducation. Et qui est-ce qui le conteste? Et qu'est-ce qu'une bonne éducation, sinon celle qui conduit à toutes sortes de jouissances sans péril et sans inconvénient?

MOI

Peu s'en faut que je ne sois de votre avis; mais gardons-nous de nous expliquer.

LUI

Pourquoi?

MOI

C'est que je crains que nous ne soyons d'accord qu'en apparence, et que si nous entrons une fois dans la discussion des périls et des inconvénients à éviter, nous ne nous entendions plus.

LUI

Et qu'est-ce que cela fait?

MOI

Laissons cela, vous dis-je; ce que je sais là-dessus, je ne vous l'apprendrai pas; et vous m'instruirez plus aisément de ce que j'ignore et de ce que vous savez en musique. Cher Rameau, parlons musique, et dites-moi comment il est arrivé qu'avec la facilité de sentir, de retenir et de rendre les plus beaux endroits des grands maîtres, avec l'enthousiasme qu'ils vous inspirent et que vous transmettez aux autres, vous n'ayez rien fait qui vaille...

(Au lieu de me répondre, il se mit à hocher de la tête, et, levant le doigt au ciel, il s'écria :) Et l'astre! l'astre! Quand la nature fit Leo, Vinci, Pergolèse, Duni, elle sourit; elle prit un air imposant et grave en formant mon cher oncle Rameau qu'on aura appelé pendant une dizaine d'années le grand Rameau, et dont bientôt on ne parlera plus. Quand elle fagota son neveu, elle fit la grimace, et puis la grimace, et puis la grimace encore... (Et, en disant ces mots, il faisait toutes sortes de grimaces du visage : c'était le mépris, le dédain, l'ironie; et il semblait pétrir entre ses doigts un morceau de pâte, et sourire aux formes ridicules qu'il lui donnait; cela fait, il jeta la pagode hétéroclite loin de lui et il dit :) C'est ainsi qu'elle me fit, et qu'elle me jeta à côté d'autres pagodes, les unes à gros ventres ratatinés, à cous courts, à gros yeux hors de la tête, apoplectiques; d'autres à cous obliques; il y en avait de sèches, à l'œil vif, au nez crochu. Toutes se mirent à crever de rire en me voyant, et moi de mettre mes deux poings sur mes côtés et à crever de rire en les voyant, car les sots et les fous s'amusent les uns des autres; ils se cherchent, ils s'attirent. Si en arrivant là je n'avais pas trouvé tout fait le proverbe qui dit que *l'argent des sots est le patrimoine des gens d'esprit*, on me le devrait. Je sentis que nature avait mis ma légitime dans la bourse des pagodes, et j'inventai mille moyens de m'en ressaisir.

MOI

Je sais ces moyens, vous m'en avez parlé, et je les ai fort admirés; mais, entre tant de ressources, pourquoi n'avoir pas tenté celle d'un bel ouvrage?

LUI

Ce propos est celui d'un homme du monde à l'abbé Le Blanc. L'abbé disait : « La marquise de Pompadour me prend sur la main, me porte jusque sur le seuil de l'Académie; là elle retire sa main, je tombe, et je me casse les deux jambes. » L'homme du monde lui répondait : « Eh bien ! l'abbé, il faut se relever, et enfoncer la porte d'un coup de tête. » L'abbé lui répliquait : « C'est ce que j'ai tenté; et savez-vous ce qui m'en est revenu? une bosse au front... »

(Après cette historiette, mon homme se mit à marcher la tête baissée, l'air pensif et abattu; il soupirait, il pleurait, se désolait, levait au ciel les mains et les yeux, se frappait la tête du poing à se briser le front ou les doigts, et il ajoutait :) Il me semble qu'il y a pourtant là quelque chose ; mais j'ai beau frapper, secouer, il n'en sort rien... (Puis il recommençait à secouer la tête et à se frapper le front de plus belle, et il disait :) Ou il n'y a personne là, ou l'on ne veut pas répondre.

(Un instant après, il prenait un air fier, il relevait sa tête, il s'appliquait la main droite sur le cœur, il marchait, et disait :) Je sens, oui, je sens...

(Il contrefaisait l'homme qui s'irrite, qui s'indigne, qui s'attendrit, qui commande, qui supplie, et prononçait sans préparation des discours de colère, de commisération, de haine, d'amour ; il esquissait les caractères des passions avec une finesse et une vérité surprenantes ; puis il ajoutait :) C'est cela, je crois ? voilà que cela vient ; voilà ce que c'est que de trouver un accoucheur qui sait irriter, précipiter les douleurs, et faire sortir l'enfant. Seul, je prends la plume, je veux écrire ; je me ronge les ongles, je m'use le front : serviteur, bonsoir, le dieu est absent ! Je m'étais persuadé que j'avais du génie ; au bout de ma ligne, je lis que je suis un sot, un sot, un sot. Mais le moyen de sentir, de s'élever, de penser, de peindre fortement, en fréquentant avec des gens tels que ceux qu'il faut voir pour vivre; au milieu des propos qu'on tient et de ceux qu'on entend, et de ce commérage : *Aujourd'hui le boulevard était charmant. Avez-vous entendu la petite Marmotte? elle joue à ravir. Monsieur un tel avait le plus bel attelage gris-pommelé qu'il soit possible d'imaginer. La belle madame celle-ci commence à passer; est-ce qu'à l'âge de quarante-cinq ans on porte une coiffure comme celle-là? La jeune une telle est couverte de diamants qui ne lui coûtent guère.*

— *Vous voulez dire qui lui coûtent... cher?*

— *Mais non.*

— *Où l'avez-vous vue?*

— *A l'*Enfant d'Arlequin perdu et retrouvé. *La scène du désespoir a été jouée comme elle ne l'avait pas encore été. Le Polichinelle de la foire a du gosier, mais point de finesse, point d'âme. Madame une telle est accouchée de deux enfants à la fois; chaque père aura le sien...* Et vous croyez que cela dit, redit et entendu tous les jours, échauffe et conduit aux grandes choses?

MOI

Non; il vaudrait mieux se renfermer dans

son grenier, boire de l'eau, manger du pain sec, et se chercher soi-même.

LUI

Peut-être; mais je n'en ai pas le courage. Et puis, sacrifier son bonheur à un succès incertain! Et le nom que je porte, donc? Rameau! s'appeler Rameau, cela est gênant. Il n'en est pas des talents comme de la noblesse, qui se transmet, et dont l'illustration s'accroît en passant du grand-père au père, du père au fils, du fils à son petit-fils, sans que l'aïeul impose quelque mérite à son descendant; la vieille souche se ramifie en une énorme tige de sots, mais qu'importe? Il n'en est pas ainsi du talent. Pour n'obtenir que la renommée de son père, il faut être plus habile que lui; il faut avoir hérité de sa fibre... La fibre m'a manqué, mais le poignet s'est dégourdi; l'archet marche, et le pot bout: si ce n'est pas de la gloire, c'est du bouillon.

MOI

A votre place, je ne me le tiendrais pas pour dit, j'essayerais.

LUI

Et vous croyez que je n'ai pas essayé? Je n'avais pas quinze ans, lorsque je me dis pour la première fois : Qu'as-tu, Rameau? Tu rêves; et à quoi rêves-tu? Que tu voudrais bien avoir fait ou faire quelque chose qui excitât l'admiration de l'univers.. Eh oui, il n'y a qu'à souffler et remuer les doigts, il n'y a qu'à ourler le bec, et ce sera une cane. Dans un âge plus avancé, j'ai répété le propos de mon enfance; aujourd'hui je le répète encore, et je reste autour de la statue de Memnon.

MOI

Que voulez-vous dire avec votre statue de Memnon?

LUI

Cela s'entend, ce me semble. Autour de la statue de Memnon, il y en avait une infinité d'autres, également frappées des rayons du soleil; mais la sienne était la seule qui résonnât. Un poète, c'est Voltaire, et puis qui encore? Voltaire; et le troisième? Voltaire; et le quatrième? Voltaire. Un musicien, c'est Rinaldo de Capoua; c'est Hasse; c'est Pergolèse; c'est Alberti; c'est Tartini; c'est Locatelli; c'est Terradeglias; c'est mon oncle; c'est ce petit Duni, qui n'a ni mine, ni figure, mais qui sent, mordieu! qui a du chant et de l'expression. Le reste, auprès de ce petit nombre de

Memnons, autant de paires d'oreilles fichées au bout d'un bâton : aussi sommes-nous gueux, si gueux, que c'est une bénédiction. Ah! monsieur le Philosophe, la misère est une terrible chose. Je la vois accroupie, la bouche béante, pour recevoir quelques gouttes d'eau glacée qui s'échappent du tonneau des Danaïdes. Je ne sais si elle aiguise l'esprit du philosophe, mais elle refroidit diablement la tête du poète; on ne chante pas bien sous ce tonneau. Trop heureux encore celui qui peut s'y placer! J'y étais, et je n'ai pas su m'y tenir. J'avais déjà fait cette sottise une fois. J'ai voyagé en Bohême, en Allemagne, en Suisse, en Hollande, en Flandre, au diable au vert!

MOI

Sous le tonneau percé?

LUI

Sous le tonneau percé. C'était un juif opulent et dissipateur, qui aimait la musique et mes folies. Je musiquais comme il plaît à Dieu, je faisais le fou : je ne manquais de rien. Mon juif était un homme qui savait sa loi, et qui l'observait roide comme une barre, quelquefois avec l'ami, toujours avec l'étranger. Il se fit une mauvaise affaire qu'il faut que je vous raconte, car elle est plaisante.

Il y avait à Utrecht une courtisane charmante. Il fut tenté de la chrétienne; il lui dépêcha un grison, avec une lettre de change assez forte. La bizarre créature rejeta son offre. Le juif en fut désespéré. Le grison lui dit : « Pourquoi vous affliger ainsi? Si vous voulez coucher avec une jolie femme, rien n'est plus aisé, et même de coucher avec une plus jolie que celle que vous poursuivez : c'est la mienne, que je vous céderai au même prix. » Fait et dit; le grison garde la lettre de change, et mon juif couche avec la femme du grison. L'échéance de la lettre de change arrive; le juif la laisse protester, et s'inscrit en faux. Procès. Le juif disait : Jamais cet homme n'osera dire à quel prix il possède ma lettre, et je ne la payerai pas. A l'audience il interpelle le grison.

« Cette lettre de change, de qui la tenez-vous?

— De vous?

— Est-ce pour de l'argent prêté?

— Non.

— Est-ce pour fourniture de marchandises?

— Non.

— Est-ce pour services rendus?

— Non; mais il ne s'agit point de cela : j'en suis possesseur, vous l'avez signée, et vous l'acquitterez.

— Je ne l'ai point signée.

— Je suis donc un faussaire?

— Vous ou un autre dont vous êtes l'agent.

— Je suis un lâche, comme vous êtes un coquin. Croyez-moi, ne me poussez pas à bout, je dirai tout; je me déshonorerai, mais je vous perdrai... »

Le juif ne tint compte de la menace, et le grison révéla toute l'affaire à la séance qui suivit. Ils furent blâmés tous les deux, et le juif condamné à payer la lettre de change, dont la valeur fut appliquée au soulagement des pauvres. Alors je me séparai de lui; je revins ici.

Quoi faire? car il fallait périr de misère, ou faire quelque chose. Il me passa toutes sortes de projets par la tête. Un jour, je partais le lendemain pour me jeter dans une troupe de province, également bon ou mauvais pour le théâtre ou pour l'orchestre. Le lendemain, je songeais à me faire peindre un de ces tableaux attachés à une perche qu'on plante dans un carrefour, et où j'aurais crié à tue-tête : « Voilà la ville où il est né, et le voilà qui prend congé de son père l'apothicaire ; le voilà qui arrive dans la capitale, cherchant la demeure de son oncle. Le voilà aux genoux de son oncle, qui le chasse. Le voilà avec un juif, etc., etc. » Le jour suivant, je me levais bien résolu de m'associer aux chanteurs des rues. Ce n'est pas ce que j'aurais fait de plus mal; nous serions allés concerter sous les fenêtres de mon cher oncle, qui en serait crevé de rage. Je pris un autre parti...

(Là, il s'arrêta, passant successivement de l'attitude d'un homme qui tient un violon, serrant des cordes à tour de bras, à celle d'un pauvre diable exténué de fatigue, à qui les forces manquent, à qui les jambes flageolent, prêt à expirer, si on ne lui jette un morceau de pain; il désignait son extrême besoin par le geste d'un doigt dirigé vers sa bouche entr'ouverte; puis il ajouta :) Cela s'entend. On me jetait le lopin; nous nous le disputions à trois ou quatre affamés que nous étions... Et puis pensez grandement, faites de belles choses, au milieu d'une pareille détresse!

MOI

Cela est difficile.

LUI

De cascade en cascade, j'étais tombé là; j'y étais comme un coq en pâte. J'en suis sorti. Il faudra derechef scier le boyau, et revenir au geste du doigt vers la bouche béante. Rien de stable dans ce monde; aujourd'hui au sommet, demain au bas de la roue. De maudites circonstances nous mènent, et nous mènent fort mal...

(Puis, buvant un coup qui restait au fond de la bouteille, et s'adressant à son voisin :)

— Monsieur, par charité, une petite prise. Vous avez là une belle boîte. Vous n'êtes pas musicien?

— Non.

— Tant mieux pour vous, car ce sont de pauvres bougres bien à plaindre. Le sort a voulu que je le fusse, moi, tandis qu'il y a à Montmartre, peut-être dans un moulin, un meunier, un valet de meunier, qui n'entendra jamais que le bruit de cliquet, et qui aurait trouvé les plus beaux chants. Rameau, au moulin, au moulin! c'est là ta place.

MOI

A quoi que ce soit que l'homme s'applique, la nature l'y destinait.

LUI

Elle fait d'étranges bévues. Pour moi, je ne vois pas de cette hauteur où tout se confond, l'homme qui émonde un arbre avec des ciseaux, la chenille qui en ronge la feuille, et d'où l'on ne voit que deux insectes différents, chacun à son devoir. Perchez-vous sur l'épicycle de Mercure, et de là distribuez, si cela vous convient, et à l'imitation de Réaumur, lui, la classe des mouches en couturières, arpenteuses, faucheuses; vous, l'espèce des hommes, en hommes menuisiers, charpentiers, couvreurs, danseurs, chanteurs, c'est votre affaire; je ne m'en mêle pas. Je suis dans ce monde, et j'y reste. Mais s'il est dans la nature d'avoir appétit, car c'est toujours à l'appétit que j'en reviens, à la sensation qui m'est toujours présente, je trouve qu'il n'est pas du bon ordre de n'avoir pas toujours de quoi manger. Quelle diable d'économie! des hommes qui regorgent de tout, tandis que d'autres, qui ont un estomac importun comme eux, une faim renaissante comme eux, n'ont pas de quoi mettre sous la dent. Le pis, c'est la posture contrainte où nous tient le besoin. L'homme nécessiteux ne marche pas comme un autre, il saute, il rampe, il se tortille, il se traîne, il passe sa vie à prendre et à exécuter des positions.

MOI

Qu'est-ce que des positions?

LUI

Allez le demander à Noverre. Le monde en offre bien plus que son art n'en peut imiter.

MOI

Et vous voilà aussi, pour me servir de votre expression, ou de celle de Montaigne, perché sur l'épicycle de Mercure, et considérant les différentes pantomimes de l'espèce humaine.

LUI

Non, non, vous dis-je, je suis trop lourd pour m'élever si haut. J'abandonne aux grues le séjour des brouillards, je vais terre à terre. Je regarde autour de moi, et je prends mes positions, ou je m'amuse des positions que je vois prendre aux autres; je suis excellent pantomime, comme vous en allez juger.

(Puis il se mit à sourire, à contrefaire l'homme admirateur, l'homme suppliant, l'homme complaisant; il a le pied droit en avant, le gauche en arrière, le dos courbé, la tête relevée, le regard comme attaché sur d'autres yeux, la bouche béante, les bras portés vers quelque objet; il attend un ordre, il le reçoit, il part comme un trait, il revient, il est exécuté, il en rend compte; il est attentif à tout, il ramasse ce qui tombe, il place un oreiller ou un tabouret sous des pieds; il tient une soucoupe, il approche une chaise; il ouvre une porte, il ferme une fenêtre, il tire des rideaux; il observe le maître et la maîtresse; il est immobile, les bras pendants, les jambes parallèles; il écoute, il cherche à lire sur des visages, et il ajoute :) Voilà ma pantomime, à peu près la même que celle des flatteurs, des courtisans, des valets et des gueux.

(Les folies de cet homme, les contes de l'abbé Galiani, les extravagances de Rabelais, m'ont quelquefois fait rêver profondément. Ce sont trois magasins où je me suis pourvu de masques ridicules que je place sur le visage des plus graves personnages, et je vois Pantalon dans un prélat, un satyre dans un président, un pourceau dans un cénobite, une autruche dans un ministre, une oie dans son premier commis.)

MOI

Mais à votre compte, dis-je à mon homme, il y a bien des gueux dans ce monde-ci, et je ne connais personne qui ne sache quelques pas de votre danse.

LUI

Vous avez raison. Il n'y a dans tout un royaume qu'un homme qui marche, c'est le souverain; tout le reste prend des positions.

MOI

Le souverain? Encore y a-t-il quelque chose à dire. Et croyez-vous qu'il ne se trouve pas de temps en temps à côté de lui un petit pied, un petit chignon, un petit nez qui lui fasse faire un peu de pantomime? Quiconque a besoin d'un autre est indigent, et prend une position. Le roi prend une position devant sa maîtresse, et devant Dieu il fait son pas de pantomime. Le ministre fait le pas de courtisan, de flatteur, de valet et de gueux devant son roi. La foule des ambitieux danse vos positions, en cent manières plus viles les unes que les autres, devant le ministre; l'abbé de condition, en rabat et en manteau long, au moins une fois la semaine, devant le dépositaire de la feuille des bénéfices. Ma foi, ce que vous appelez la pantomime des gueux est le grand branle de la terre : chacun a sa petite Hus et son Bertin.

LUI

Cela me console.

(Mais tandis que je parlais, il contrefaisait à mourir de rire les positions des personnages que je nommais. Par exemple, pour le petit abbé, il tenait son chapeau sous le bras et son bréviaire de la main gauche; de la droite il relevait la queue de son manteau, il s'avançait la tête un peu penchée sur l'épaule, les yeux baissés, imitant si parfaitement l'hypocrite, que je crus voir l'auteur des *Réfutations* devant l'évêque d'Orléans. Aux flatteurs, aux ambitieux, il était ventre à terre; c'était Bouret au contrôle général.)

MOI

Cela est supérieurement exécuté : mais il y a pourtant un être dispensé de la pantomime: c'est le philosophe qui n'a rien et qui ne demande rien.

LUI

Et où est cet animal-là? S'il n'a rien, il souffre; s'il ne sollicite rien, il n'obtiendra rien... et il souffrira toujours.

MOI

Non : Diogène se moquait des besoins.

LUI

Mais il faut être vêtu.

MOI

Non, il allait tout nu.

LUI

Quelquefois il faisait froid dans Athènes.

MOI

Moins qu'ici.

LUI

On y mangeait.

MOI

Sans doute.

LUI

Aux dépens de qui?

MOI

De la nature. A qui s'adresse le sauvage? à la terre, aux animaux, aux poissons, aux arbres, aux herbes, aux racines, aux ruisseaux.

LUI

Mauvaise table.

MOI

Elle est grande.

LUI

Mais mal servie.

MOI

C'est pourtant celle qu'on dessert pour couvrir les nôtres.

LUI

Mais vous conviendrez que l'industrie de nos cuisiniers, pâtissiers, rôtisseurs, traiteurs, confiseurs, y met un peu du sien. Avec la diète austère de votre Diogène, il ne devait pas avoir des organes fort indociles.

MOI

Vous vous trompez. L'habit du cynique était, autrefois, notre habit monastique, avec la même vertu : les cyniques étaient les carmes et les cordeliers d'Athènes.

LUI

Je vous y prends! Diogène a donc aussi dansé la pantomime, si ce n'est devant Périclès, du moins devant Laïs et Phryné?

MOI

Vous vous trompez encore : les autres achetaient bien cher la courtisane qui se livrait à lui pour le plaisir.

LUI

Mais s'il arrivait que la courtisane fût occupée, et le cynique pressé?

MOI

Il rentrait dans son tonneau et se passait d'elle.

LUI

Et vous me conseilleriez de l'imiter?

MOI

Je veux mourir si cela ne vaudrait pas mieux que de ramper, de s'avilir et de se prostituer.

LUI

Mais il me faut un bon lit, une bonne table, un vêtement chaud en hiver, un vêtement frais en été, du repos, de l'argent, et beaucoup d'autres choses, que je préfère de devoir à la bienveillance, plutôt que de les acquérir par le travail.

MOI

C'est que vous êtes un fainéant, un gourmand, un lâche, une âme de boue.

LUI

Je crois vous l'avoir dit.

MOI

Les choses de la vie ont un prix sans doute; mais vous ignorez celui du sacrifice que vous faites pour les obtenir. Vous dansez, vous avez dansé et vous continuerez de danser la vile pantomime.

LUI

Il est vrai; mais il m'en a peu coûté, et il ne m'en coûtera plus rien pour cela; et c'est par cette raison que je ferais mal de prendre une autre allure qui me peinerait et que je ne garderais pas. Mais je vois à ce que vous me dites-là que ma pauvre petite femme était une espèce de philosophe; elle avait du courage comme un lion. Quelquefois nous manquions de pain, et nous étions sans le sou; nous avions vendu presque toutes nos nippes. Je m'étais jeté sur le pied de notre lit; là je me creusais à chercher quelqu'un qui me prêtât un écu que je ne lui rendrais pas. Elle, gaie comme un pinson, se mettait à son clavecin, chantait et s'accompagnait; c'était un gosier de rossignol, je regrette que vous ne l'ayez pas entendue. Quand j'étais de quelque concert, je l'emmenais avec moi; chemin faisant, je lui disais : « Allons, madame, faites-vous admirer, déployez votre talent et vos charmes, enlevez, renversez... » Nous arrivions, elle chantait, elle enlevait, elle renversait. Hélas! je l'ai perdue, la pauvre petite. Outre son talent, c'est qu'elle avait une bouche à recevoir à peine le petit doigt;

Quand elle traversait la rue, le matin
en cheveux et en pet-en-l'air

des dents! une rangée de perles; des yeux, des pieds, une peau, des joues, des tetons! des jambes de cerf, des cuisses et des fesses à modeler. Elle aurait eu tôt ou tard le fermier général au moins. C'était une démarche, une croupe, ah! Dieu, quelle croupe!

(Puis le voilà qui se met à contrefaire la démarche de sa femme. Il allait à petits pas, il portait sa tête au vent, il jouait de l'éventail, il se démenait de la croupe; c'était la charge de nos petites coquettes la plus plaisante et la plus ridicule.

Puis reprenant la suite de son discours, il ajoutait) :

Je la promenais partout, aux Tuileries, au Palais-Royal, aux Boulevards. Il était impossible qu'elle me demeurât. Quand elle traversait la rue, le matin, en cheveux et en pet-en-l'air, vous vous seriez arrêté pour la voir, et vous l'auriez embrassée entre quatre doigts sans la serrer. Ceux qui la suivaient, qui la regardaient trotter avec ses petits pieds, et qui mesuraient cette large croupe dont les jupons légers dessinaient la forme, doublaient le pas; elle les laissait arriver, puis elle détournait prestement sur eux ses deux grands yeux noirs et brillants, qui les arrêtaient tout court; c'est que l'endroit de la médaille ne déparait pas le revers. Mais, hélas! je l'ai perdue, et toutes mes espérances de fortune se sont évanouies avec elle. Je ne l'avais prise que pour cela, je lui avais confié mes projets, et elle avait trop de sagacité pour n'en pas concevoir la certitude, et trop de jugement pour ne pas les approuver... »

(Et puis le voilà qui sanglote et qui pleure, en disant :)

Non, non, je ne m'en consolerai jamais. Depuis, j'ai pris le rabat et la calotte.

MOI

De douleur?

LUI

Si vous voulez. Mais le vrai, pour avoir mon écuelle sur ma tête... Mais voyez un peu l'heure qu'il est, car il faut que j'aille à l'Opéra.

MOI

Qu'est-ce qu'on donne?

LUI

Le Dauvergne. Il y a d'assez belles choses dans sa musique; c'est dommage qu'il ne les ait pas dites le premier. Parmi ces morts, il y en a toujours qui désolent les vivants. Que voulez-vous? *Quisque suos non patimur manes.* Mais il est cinq heures et demie, j'entends la cloche qui sonne les vêpres de l'abbé de Canaye et les miennes. Adieu, monsieur le Philosophe; n'est-il pas vrai que je suis toujours le même?

MOI

Hélas! oui, malheureusement.

LUI

Que j'aie ce malheur-là encore seulement une quarantaine d'années : rira bien qui rira le dernier.

FIN

DU NEVEU DE RAMEAU

NOTES

Page 1, l. 4. — *Le banc d'Argenson*. Situé sans doute près de l'hôtel bâti par Boffrand pour la chancellerie du duc d'Orléans, en 1726, quand d'Argenson en était titulaire. Selon Ed. Fournier (*Paris à travers les âges*), on voyait encore en 1875, sur la façade du n° 10 de la rue des Bons-Enfants, une inscription qui rappelait cette destination primitive. Elle a disparu depuis.

Page 2, l. 4. — *L'allée de Foi* s'étendait à l'opposé du banc d'Argenson. Elle devait son nom à un café longtemps fameux, fondé en 1725 par le sieur *Fouhet*, qui le céda, en 1748, à Jousserand. Dans son savant livre sur *la Maison mortuaire de Molière*, M. Auguste Vitu a établi les origines des divers patrons de ce café. Mme Ph. Lenoir-Jousserand, qui a légué au Louvre une si belle collection de tabatières et de miniatures, était la dernière représentante de cette dynastie.

Page 2, l. 11. — Le *Café de la Régence*, ouvert place du Palais-Royal, était tenu par Rey. « Ce café, dit Roze de Chantoiseau, dans ses *Tablettes de renommée* (1772), est très bien composé et suivi des plus habiles joueurs d'échecs. » Diderot n'est pas le seul qui soit venu y voir « pousser le bois ». Lorsque Rousseau revint à Paris, en 1771, il s'attablait volontiers devant les pions, et Gabriel de Saint-Aubin n'a pas perdu si belle occasion de le crayonner sur le feuillet de garde d'un exemplaire du catalogue Crozat (1755), appartenant aujourd'hui à M. H***.

Page 2, l. 15. — *Légal le profond.* M. de Kermuy, sire de Le Gal, était, paraît-il, l'auteur d'une fameuse partie de pions dans laquelle ont excellé après lui Philidor, M. des Chapelles et La Bourdonnais. J'ignore s'il était parent d'un marquis de Le Gal, dont la bibliothèque fut vendue en 1753 par Cl.-J.-R. Bauche, libraire, rue Dauphine, dans la maison du notaire Dulyon. De Mayot, l'on ne sait rien de positif. Selon M. Isambert, Foubert serait un chirurgien qui demeurait rue de la Monnaie.

Page 2, l. 16. — *Philidor le subtil.* François-André Danican, dit Philidor, né le 7 septembre 1726, mort à Londres le 31 août 1795, dut la célébrité autant à son talent de compositeur qu'à son habileté aux échecs ; il avait dix-huit ans à peine lorsque le chevalier de Jaucourt lui fit l'honneur de le citer dans l'article *Echecs* de *l'Encyclopédie.* Pour les autres détails de la biographie de Philidor, il faut surtout consulter le très important travail publié par M. Arthur Pougin dans la *Chronique musicale* (1874-1875). La famille du compositeur possède un charmant buste en terre cuite, par Pajou, qui n'a pas figuré aux récentes expositions rétrospectives; on peut citer en outre les deux jolis portraits gravés par A. de Saint-Aubin d'après Cochin, et par Bartolozzi d'après lui-même.

Page 6, l. 23. — *Marivaux et Crébillon fils.* Ce rapprochement, que la postérité n'a pas sanctionné, fournit, comme je l'ai dit dans l'Avertissement, une preuve de plus de la date approximative à laquelle Diderot jeta sur le papier le *Neveu de Rameau*, puisqu'il parle du premier comme d'un contemporain encore vivant : or, Marivaux ne mourut que le 12 février 1763, à soixante-dix-sept ans, il est vrai, et « ne faisant plus rien », selon la remarque un peu naïve des *Mémoires secrets.* Diderot, en unissant le nom de l'auteur de *Marianne* à celui de l'auteur du *Sopha*, ignorait certainement que, dix ans auparavant, Horace Walpole demandait pour sa bibliothèque de Strawberry-Hill, les portraits de Crébillon fils et de Marivaux, et que la miniature de celui-ci fut peinte par Liotard, « avec qui il était intime ». En 1765, Walpole constatait, non sans chagrin, que Crébillon était tout à fait démodé et que « Marivaux est devenu un proverbe : on dit marivauder, marivaudage. »

Page 7, l. 10. — *M. de Bissy.* Claude-Henri de Bissy, comte de Thiard, né à Paris, le 13 octobre 1721, avait été reçu, le 29 décembre 1750, membre de l'Académie française. Il mourut au château de Pierre (Saône-et-Loire), le 29 septembre 1810.

Son frère, Henri-Charles de Bissy, comte de Thiard, écrivait de Bolum, le 31 octobre 1760, à Grimm : « Mon frère vous fait mille compliments. Je ne sais s'il voit sans jalousie le succès de Philidor; son espérance est que sa gloire musicale affaiblira sa science écheclique ». *(Correspondance littéraire,* éd. Garnier frères, t. XVI, p. 520).

Page 9, l. 7. — *Les autres.* Chez les semblables de Phryné.

Page 10, l. 6. — Jal, qui n'avait rien retrouvé sur la fille du compositeur, a douté de son existence; mais Maret (*Eloge historique de M. Rameau*, Dijon et Paris, 1766, in-8) dit formellement que Marie-Alexandrine Rameau, mariée depuis la mort de son père, épousa François-Marie de Gauthier, écuyer, mousquetaire du roi de la première compagnie.

Page 10, l. 9. — *La douzième et la dix-septième.* M. Assézat fait observer que contrairement au proverbe : « Qui n'entend qu'une cloche n'entend qu'un son », la cloche donne à la fois la tonique et la quinte et que Rameau parle ici de l'accord de plusieurs cloches.

Page 11, l. 3. — *La sagesse du moine de Rabelais.* Voltaire, qui cite cette maxime dans un petit pamphlet sur les embellissements de Paris *(Ce qu'on ne fait pas et ce qu'on pourrait faire)*, ajoute qu'elle peut laisser le couvent dans la médiocrité, dans le relâchement et dans le mépris; mais M. A. de Montaiglon, pour qui l'œuvre de Rabelais n'a pas de secrets, me fait observer que la phrase textuelle n'existe pas dans *Pantagruel;* c'est sans nul doute une paraphrase très résumée des chapitres XXXIX et XL du livre Ier, où frère Jean des Entommeures énumère les occupations des moines et les siennes propres. Elle avait dû frapper Diderot, qui l'avait empruntée à Voltaire sans prendre la peine d'en vérifier l'exactitude.

Page 11, l. 16. — *Un ministre du roi de France qui a de l'esprit comme quatre.* Quel était ce ministre? Choiseul, sans doute. Le propos avait singulièrement frappé Diderot, puisqu'il écrivait à Falconet en juillet 1767 : « Un freluquet sans lumière et sans pudeur dit intrépidement à sa table que l'ignorance fait le bonheur des peuples, et que si l'on eût jeté Marmontel dans un cachot, lorsqu'il nous fit rire aux dépens de d'Argental et de d'Aumont, il n'aurait pas fait *Bélisaire;* et cela s'appelle un ministre! Nous n'avons jamais contristé cet homme-là, mais il se doute de notre mépris et il nous hait. »

Page 11, l. 26. — *Aux cagnards.* Assézat et M. Isambert ont donné à ce mot le sens de *chien*, emprunté, disent-ils, au patois de la Bourgogne et de la Champagne, mais selon M. Pr. Mignard, dans son *Histoire de l'idiome Bourguignon*, il signifie *lâche, poltron*.

Page 15, l. 3. — *Mais Racine ?...* Cette appréciation, inspirée peut-être à Diderot par les récits de quelque survivant du XVIIe siècle, se retrouve sous sa plume dans une lettre à Mlle Volland : « S'il faut opter entre Racine méchant époux, méchant père, ami faux et poète sublime, et Racine bon père, bon époux, bon ami et plat honnête homme, je m'en tiens au premier. De Racine méchant, que reste-t-il ? rien. De Racine homme de génie, l'ouvrage est éternel. »

Page 15, l. 10. — *Briasson.* Antoine-Claude Briasson, syndic de l'imprimerie et de la librairie en 1768, était associé avec Lebreton, David et Durand pour la publication de l'*Encyclopédie.* Il mourut à Paris le 28 février 1775.

Page 15, l. 11. — *Barbier.* Son adresse est ainsi donnée par l'*Almanach des marchands* de Thomas (1770) : « A la Barbe d'or, rue des Bourdonnais, au coin du cul-de-sac, vis-à-vis la rue de la Limace, tient magasin de toutes sortes d'étoffes de soie, d'or et d'argent. » Il est également cité comme un des notables de sa profession dans *le Dessinateur pour les fabriques d'étoffes, d'or, d'argent et de soie*, de Joubert de l'Hiberderie, 1765, in-8.

Page 18, l. 25. — *La douceur de Duclos, l'ingénuité de l'abbé Trublet, la droiture de l'abbé d'Olivet.* Tout ce passage est ironique, il est à peine besoin de le dire. La voix de « gourdin » de Duclos et ses coups de boutoir sont bien connus ; l'abbé Trublet, qui se modelait de son mieux sur Fontenelle, glissait tant de sous-entendus dans sa conversation et dans ses livres, que Grimm le voulait faire peindre entre deux parenthèses ; quant à d'Olivet, s'il ne mérita pas tout à fait l'épigramme implacable dont Piron le poursuivit jusque dans la tombe (*Ci-gît maître Jobelin*), il n'en passait pas moins pour un malhonnête homme, mais Grimm ajoute avec raison : « Quand on dit à Paris : Cet homme est un fripon, cela ne signifie, la plupart du temps, autre chose que : cet homme n'est pas de mon parti ou de ma cabale. » Or Piron soupçonnait véhémentement d'Olivet d'avoir été parmi les opposants les plus hostiles à sa candidature académique.

Page 21, l. 13. — *Maupeou*. Seul peut-être dans le parti philosophique, Voltaire rendit justice aux vues réformatrices de l'impopulaire chancelier, et osa lui adresser son approbation en prose et en vers.

Pages 21, l. 17. — *Les Indes galantes*, ballet héroïque en trois actes et un prologue, musique de Rameau, paroles de Fuzelier, représentées pour la première fois le 23 août 1735, ont été maintes fois reprises jusqu'en 1771, soit en entier, soit par fragments.

Page 23, l. 8. — *Les Trois Siècles*. La triste gloire de cette compilation fameuse, qui parut en 1772, fut disputée à son auteur putatif, Sabatier de Castres, par trois adversaires, Laus de Boissy, Lenoir-Duparc et l'abbé Liger, qui tous accusèrent Sabatier d'avoir dépouillé un abbé Martin, vicaire de Saint-André des Arts, de son travail et d'avoir profité de l'égarement de son esprit. Cet abbé Martin mourut en effet aliéné à Senlis, peu de temps après. M. Emile Campardon a retrouvé aux Archives et communiqué à *l'Amateur d'autographes* (nos 344-345, mai-juin 1882) la curieuse plainte en diffamation déposée par Sabatier de Castres contre l'abbé Liger, auteur d'un pamphlet intitulé *Problème littéraire*, inspiré, selon le plaignant, par le sieur Baudouin, grand maître du collège du Cardinal-Lemoine.

Page 25, l. 6. — *En* escroc pour *un*, prononciation commune à plusieurs provinces.

Page 27, l. 19. — *Vous retournerez au regrat*. Nom donné aux aliments de rebut qui se vendaient aux Halles et d'où est venu le mot de *regrattier*. Mercier, dans un chapitre du *Tableau de Paris*, a prétendu démontrer qu'il en coûtait plus cher de se nourrir du regrat que de vivre à la manière des gens aisés d'alors.

Page 27, l. 22. — *L'ami Robbé*. Pierre-Honoré Robbé de Bauveset, que l'obscénité de ses *Œuvres badines* a sauvé de l'oubli au moins autant qu'une apostrophe de Palissot dans *la Dunciade*, et qu'une réplique de Piron à propos d'un poème dont le sujet a été traité de nos jours par Barthélemy. Les bibliophiles recherchent encore le *Journal de mon retour de Saintonge* à cause des figures de son oncle Desfriches, et les curieux ont fait leur profit des lettres qu'il adressait à cet amateur, lors du procès de Damiens, et qui ont été publiées par M. G. d'Heylli (1875, in-16). Le musée d'Orléans a récemment acquis un fort beau portrait au pastel de Robbé, par Perronneau, portrait qui avait figuré au Salon de 1759.

Page 30, l. 1. — *M. Viellard.* L'histoire des amours de ce jeune homme, fils du directeur des eaux de Passy, et de Mlle Hus, la maitresse en titre de Bertin, est racontée tout au long par Diderot, dans sa lettre du 12 septembre 1761 à Mlle Volland, et par un inspecteur de police dans son rapport à Sartine du 11 du même mois. (Voir le *Journal* de ces inspecteurs publié par M. Larchey, p. 27.) Diderot tenait le fait de l'abbé de La Porte, l'un des commensaux du financier et de l'actrice.

Page 30, l. 7. — *M. Rameau, apothicaire de Dijon.* M. Isambert fait observer avec raison que le père du maestro était organiste et non apothicaire, et que Diderot a dû le confondre avec Piron : celui-ci ne cachait pas ses humbles origines, tant s'en faut : « Est-ce que vous n'êtes pas le fils de M. Piron, l'apothicaire qui avait les bras si longs... si longs?... lui demandait un jour, avec un geste expressif, Languet de Gergy, curé de Saint-Sulpice. — Ah ! monsieur le curé, riposta le caustique poète, que vos mains n'étaient-elles au bout! Nous aurions fait une bonne maison... » Languet de Gergy ne passait pas pour très scrupuleux lorsqu'il s'agissait d'obtenir des secours, des dons et des legs qu'il appliquait à l'achèvement de son église : ce qui avait valu à celle-ci le surnom de *Notre-Dame de vieille vaisselle.* J'emprunte une partie de cette note à M. H. Bonhomme. (Piron, *Complément de ses œuvres inédites*, Sartorius, 1865, p. 214.)

Page 30, l. 13. — *Depuis que M. Carmontelle l'a dessiné.* Le Cabinet des Estampes possède deux états de cette petite planche rare : le premier est simplement signé *C.*; le second, *L. C. de Carmontelle, pinxit et sculpsit*; au milieu, *Rameau, musicien.* Le modèle y est vu en pied, de profil, à gauche.

Page 31, l. 2. — *La petite Hus.* Adélaïde-Louise-Pauline Hus, née à Rennes, le 31 mars 1734, débuta le 26 juillet 1751 dans le rôle de Zaïre, et ne fut pas admise. Elle se représenta deux ans plus tard et joua Hermione, Monime, Chimène, et même Agnès et Agathe, des *Folies amoureuses* de Regnard. Elle fut enfin reçue le 21 mai 1753; mais son talent n'égalait pas sa beauté, et elle dut, pour tenir quelques premiers rôles, acheter à de pauvres diables le droit de jouer leurs pièces : tel fut le cas de Mailhol, auteur de *Paros*; mais elle ne put arriver à vaincre la résistance de Peloux de Clairefontaine, de qui elle voulut obtenir le rôle principal d'une certaine tragédie d'*Hector*, et qui préféra perdre sa place dans les bureaux de Bertin, le protecteur en nom de Mlle Hus. Le neveu de Rameau édifie trop complètement Diderot sur cet intérieur et sur les parasites qui le fréquentaient pour qu'il soit nécessaire d'entrer ici dans de plus longs détails. Mlle Hus épousa, en 1774, Louis-Élie Lelièvre, fils du fameux distillateur de la rue de Seine, chez qui demeurait Fréron, et divorça après vingt ans d'une union fort orageuse. Comme tant d'autres de ses pareilles, Mlle Hus, qui avait longtemps ébloui Paris de son luxe, tomba dans la plus cruelle misère; elle reçut quelques secours de ses anciens camarades et mourut à Paris, le 18 octobre 1805.

Page 31, l. 9. — *Mme de La Marck*. Marie-Anne-Françoise de Noailles, née le 12 janvier 1719, mariée en avril 1744 à Louis-Engelbert de la Marck, comte de Schleiden, baron de Lumain et de Seraing; le duc de Luynes la dépeint ainsi à cette date: « Elle est grande et assez grasse; elle n'est point du tout jolie, cependant, sa figure ne déplait point, elle se tient mal et a l'air assez matériel. » Toutefois, il lui accorde « de la gaîté, de la douceur, de la piété, en tout un caractère fort aimable; elle joue du clavecin supérieurement et comme les plus grands maîtres. » (*Mémoires*, V, 386.)

Page 31, l. 9. — *Bergier*. Nicolas Bergier, connu par de nombreuses réfutations des ouvrages philosophiques du temps, ne craignait pas, cependant, de frayer avec leurs auteurs. Il visita Voltaire à Ferney et fut un des familiers de la *synagogue* de d'Holbach, si l'on en juge par ce passage d'une lettre à Mlle Volland. Il s'agit de la solitude momentanée où se trouvaient les hôtes du Grandval: « On débaucherait aisément le gros Bergier, mais on ne s'en soucie pas, parce qu'il est triste, muet, dormeur et d'un commerce suspect. » (4 octobre 1767.)

Page 33, l. 23. — « *Viens dans ma cellule* ». Cette chanson, intitulée *la Sollicitation*, se trouve p. 37 du tome XVI et dernier du *Chansonnier français*, publié de 1750 à 1762.

Page 35, l. 12. — *L'Aristote ou le Platon*. Des pierres gravées représentant ces philosophes et montées en bagues.

Page 38, l. 2. — *Samuel Bernard*. Mort en 1739, laissant une fortune évaluée à 33 millions, dont une partie fut rapidement dissipée par l'aîné de ses fils, le président Bernard de Rieux.

Page 38, l. 14. — *Les Enfants rouges ou les Enfants bleus* figuraient, moyennant rétribution, aux enterrements luxueux. L'hospice des Enfants rouges, fondé en 1536, rue Portefoin, par Marguerite de Valois, fut supprimé en 1772, et la rue qui s'ouvrit sur son emplacement s'appela d'abord rue du Grand-Chantier; elle ne prit que plus tard le nom de l'hospice, qu'elle a depuis conservé. Les Enfants bleus appartenaient à l'hospice de la Trinité, situé rue d'Arnetal, près de la rue Bourg-l'Abbé : ils suivaient des cours d'arts et métiers. Est il nécessaire d'ajouter que ces dénominations n'avaient rien d'officiel et qu'elles n'ont d'autre origine que le costume imposé aux pensionnaires des deux établissements ?

Page 39, l. 16. — *Locatelli.* Pierre Locatelli, né à Bergame en 1693, mort en 1764 à Amsterdam, où il avait établi un concert public.

Page 40, l. 2. — *Ferrari ou Chiabran.* Chiabran, violoniste piémontais, avait obtenu en 1751 le plus grand succès au concert spirituel. Dominique et Louis Ferrari, de Plaisance, se firent entendre, l'un sur le violon, l'autre sur le violoncelle en 1754 et en 1758.

Page 41, l. 20. — *D'Alberti ou de Galuppi.* Probablement Domenico Alberti, Vénitien, qui a laissé plusieurs recueils de sonates pour clavecin. Galuppi, dit *il Buranello*, est un autre compositeur vénitien très fécond, mais dont fort peu d'œuvres ont été gravées.

Page 44, l. 5. — *L'allée des Soupirs.* Selon Assézat, on donnait ce nom et celui de *l'allée des Philosophes* à deux avenues de platanes qui occupaient l'emplacement des rues de Madame, de Fleurus, Jean-Bart et Duguay-Trouin; ces terrains furent aliénés en 1784 par le comte de Provence.

Page 46, l. 13. — *Supposez-lui huit ans.* Marie-Angélique Diderot, née le 2 septembre 1753, à Paris, où elle est morte le 8 mars 1824. Elle avait épousé le 9 septembre 1772, François-Nicolas Caroillon de Vandeul, écuyer, intéressé dans les affaires du roi.

Page 49, l. 18. — *Les ouvrages classiques ne peuvent être bien faits que par ceux qui ont blanchi sous le harnais.* Diderot a exprimé la même pensée dans un fragment publié par *la Nouvelle Revue* du 15 septembre 1883. « Les ouvrages élémentaires ne peuvent être bien faits que par un homme consommé, et voilà la raison pour laquelle les bons ouvrages classiques sont si rares. »

Page 52, l. 2. — *Mlle Lemierre*. Marie-Jeanne Le Mière, née à Sedan, le 29 novembre 1733, avait débuté à l'Opéra en 1750. D'abord maîtresse du prince de Conti, elle épousa en 1762 le célèbre chanteur Larrivée et mourut à Paris en octobre 1786, laissant deux filles mineures, toutes deux excellentes musiciennes. Elle s'était séparée de son mari en 1767, à la suite d'une querelle scandaleuse racontée tout au long par les *Mémoires secrets* (à la date du 28 février) et s'était retirée définitivement, avec pension, en 1777.

Page 52, l. 5. — *Mlle Arnould vient de quitter son petit comte*. La rupture momentanée de Sophie et de Lauraguais est du mois d'octobre 1761, pendant le voyage de celui-ci à Ferney. Diderot, qui parle plusieurs fois de cet incident à Mlle Volland, signale quelques plaisanteries en prose et en vers de Lauraguais sur l'infidèle : elles couraient alors manuscrites, mais il ne semble pas qu'elles aient jamais été imprimées.

Page 52, l. 7.— *Le petit comte a cependant trouvé la porcelaine de M. de Montamy*. Allusion aux recherches chimiques que d'Arcet et d'autres poursuivaient à l'instigation de Lauraguais, et dont celui-ci se faisait volontiers un titre de gloire, aussi bien auprès des Parisiens qu'à Ferney même. Voltaire, en lui dédiant *l'Écossaise*, célébrait à la fois la générosité du « petit comte » qui arrachait Dumarsais à la misère, et les soins « les plus coûteux et les plus pénibles » par lesquels il faisait revivre « un art utile, perdu dans l'Asie, qui l'inventa ». Le *Mercure* renchérit encore sur ces éloges lorsque, le 30 juin 1764, Lauraguais déposa sur le bureau de l'Académie des sciences un échantillon des résultats obtenus. « Il a voulu rendre ses travaux utiles à sa patrie et a recherché la véritable porcelaine de la Chine. Il n'a épargné ni soins, ni veilles, ni étude, et, après avoir dépensé un argent immense, il est parvenu à trouver la véritable pâte de cette porcelaine et sa couverte. Il n'est pas de notre siècle de voir un simple particulier entreprendre une découverte utile, dont la Nation en corps aurait dû s'occuper. » (Juillet 1764, tome II, page 143).

Page 52, l. 8. — *M. de Montamy*. Didier-François d'Arclais

de Montamy, premier maître d'hôtel du duc d'Orléans, s'était fort occupé, avec d'Holbach, d'histoire naturelle, et avec Diderot de la technique des arts. Il mourut à soixante-deux ans, au mois de février 1765, laissant manuscrit un *Traité des couleurs pour la peinture en émail et sur la porcelaine*, dont Diderot fut l'éditeur. Le privilège est à son nom; il le rétrocéda, le 13 août 1765, au libraire Cavelier.

Page 52, l. 11. — *Préville.* C'est en effet lors d'une reprise du *Mercure galant* de Boursault, que Préville obtint son plus grand succès dans cinq rôles divers, notamment dans ceux de l'abbé Beaugénie et de la Rissole.

Page 52, l. 13. — *Cette pauvre Dumesnil.* Marmontel et Mme Vigée Le Brun ont accusé la rivale de Clairon de s'enivrer publiquement : mais des contemporains plus indulgents ont simplement parlé d'un cordial qu'elle prenait avant d'entrer en scène. Née en 1711, elle ne se retira qu'en 1777 et mourut en 1803, à quatre-vingt-onze ans passés.

Page 55, l. 3. — *Javillier.* Diderot veut sans doute désigner ici le dernier des quatre Javillier qui brillèrent à l'Opéra de 1702 à 1748. L'un d'eux, demeurant rue Croix-des-Petits-Champs, était, vers 1762, le maître de danse en vogue, et l'allusion de Rameau ne peut s'appliquer qu'à celui-ci.

Page 55, l. 17. — *Le baron de Bagge.* Charles-Ernest, baron de Bagge, seigneur de Dieusdorff, Seppen, Cronen et Baggendorff, en Courlande, avait épousé, le 15 septembre 1751, à la chapelle de l'ambassadeur de Hollande, Joséphine Maudry, fille de Jacob Maudry, citoyen de Genève, conseiller à la cour de Hesse-Cassel, et de demoiselle Josine de Rancurel de Saint-Martin. En 1772, Mme de Bagge déserta le foyer conjugal, embrassa le catholicisme et voulut faire rompre son mariage, sous prétexte qu'il avait été contracté devant un prêtre et des témoins étrangers. Cette affaire, qui donna naissance à de volumineux factums, contribua moins à la célébrité du baron de Bagge que sa passion pour la musique. Son hôtel de la place des Victoires n'était pas seulement, en quelque sorte, l'antichambre du concert spirituel ouverte à tous les virtuoses qui s'y produisaient à l'envi : il leur fallait encore subir les *soli* que le baron exécutait sur le violon avec un seul doigt qu'il faisait glisser sur la corde. Les *Mémoires secrets* prétendent qu'il s'était laissé peindre, cet instrument à la main,

« comme un ménétrier », et qu'un mauvais plaisant lui avait proposé de placer au bas ce quatrain épigrammatique :

> Du dieu de l'harmonie adorateur fidèle,
> Son zèle impétueux ne pouvait s'arrêter;
> Dans l'art du violon, il n'eut point de modèle
> Et personne jamais n'osera l'imiter.

Cochin a dessiné en médaillon un profil du baron de Bagge, qui a été gravé par Miger.

Page 59, l. 13. — *Basse fondamentale.* Principale découverte de Rameau sur laquelle on peut consulter le *Dictionnaire de musique* de J.-J. Rousseau, qui lui a consacré un long examen.

Page 60, l. 9. — *La Deschamps.* Marie-Anne Pagès, dite Deschamps, née à Paris vers 1730, mariée en 1747 à J.-H. Bursé, dit Deschamps, acteur de l'Opéra-Comique, ne tarda pas à se séparer de lui à la suite de violences et de voies de fait que M. Émile Campardon nous a fait connaître par la publication des procès-verbaux de police dressés à cette occasion. La Deschamps figura un instant sur les planches de l'Opéra, mais si son talent d'actrice est aujourd'hui complètement oublié, les scandales de sa vie privée ont laissé un écho dans bon nombre de chroniques contemporaines. Le *Journal* de Barbier, celui des inspecteurs de M. de Sartine, les lettres de Favart au comte Durazzo nous ont depuis longtemps édifiés sur les passions qu'elle inspirait, sur les querelles entre graves magistrats dont elle fut la cause, sur son luxe indécent, sur sa fameuse vente du 9 avril 1760 et sur sa fugue à Lyon sous la poursuite de créanciers à bout de patience. Cette vente, dont le catalogue ne paraît pas avoir été imprimé, mais dont l'annonce n'occupe pas moins de vingt-six lignes dans les *Affiches* de l'abbé Aubert, fit défiler tout Paris dans le somptueux hôtel qu'elle avait fait bâtir rue Saint-Nicaise. Les *Causes amusantes et connues* d'Estienne renferment le plaidoyer de M° Carsillier en faveur d'un architecte nommé Blanchard, qui prétendait n'avoir pas tracé moins de vingt-cinq plans pour complaire aux caprices de la fantasque propriétaire, et n'avoir reçu que douze louis en guise de rémunération : il réclamait 12,000 livres. L'affaire s'arrangea, paraît-il, à l'amiable. Il en fut de même, sans doute, d'une autre contestation entre la Deschamps et un second architecte, le sieur Jean-Louis Pruneau de Montlouis, « l'un des soixante experts du roi, demeurant rue Beaubourg, passage Saint-Nicolas-des-Champs. » M. Campardon a retrouvé dans les liasses du Châtelet les plaintes respectives de la courtisane et du praticien, mais nous ignorons la solution de l'affaire. Il s'agissait, cette fois, de fournitures de treillages, et Pruneau de Montlouis, fort de son droit, avait même fait imprimer, à ce sujet, un factum qu'il serait piquant de retrouver.

Me Carsillier, à propos de la bibliothèque, qui n'avait pas été oubliée dans les plans de l'hôtel, persiflait agréablement la « défenderesse » qui avait, disait-il, tous les goûts. « Bientôt nous verrons de ses productions ». Si cet ironique espoir s'était justifié et si quelque *teinturier* complaisant n'avait point rendu ses bons offices à la prose de la Deschamps, elle aurait donné de la tablature aux compositeurs d'alors. Qu'on en juge plutôt par la lettre suivante, adressée à « Monsieur, monsieur Fuzelier, à Paris », que j'emprunte à la collection d'un amateur des plus délicats, M. J.-A. Doucet. J'en conserve l'orthographe, mais j'y introduis la ponctuation, sans laquelle elle serait absolument inintelligible.

« Que dire vous de moy, monsieur, daitre apresant a vous remercier des joli chanson que vous aves envoyez a monsieur Auber pour moi ? je gagerez bient que vous imaginez que je suis la plus en grate persone du monde : illes vres que je suis dans montor, mes en faveur du porteur de malaitre, ne me ferai vous point grasse ? je suis bient per suades que sis il voules, ille poures bien me racomoder avec vous ; luy seul etemoin du plaisir que j'ay eu a chante : boy pesibble, boy solitaire, quan m'offrire vous lobeges qui ma su plaire ?

« Que naige poin dis pour la soeur de Florine ! Je ne finirers pas si je voules vous faire le recis de tous mes sentiment. J'ai creu que je ne pourres mieu choisir que mon voisint pour vous faire savoir mes remersiement, et lasurance de lestime avec lequel je suis, monsieur, votre humble servente.

« Deschamps. »

« Voila les deux aire que je vous en voy ; note : je desire que vous les trouves ase joli man mise en musique pour que savous engage un otre foy a me confier des parole. Auseraige vous priez de les presente a madame Auber que nous apeleron Florine, car illes bient jeuste que vous meservies aupres delle. J'ay bient peur que tous votre joli quaque ne puis luy rendre tous ce que mon cœur porte (?) pour elle. Adieu, monsieur, faite bien votre comision ou sinon je nores poin de commerse tandre avec vous. »

Je n'ai pu retrouver à laquelle des innombrables pièces de

Fuzelier appartient la romance dont il est question dans cette lettre :

Bois paisible, bois solitaire.

Jacques Aubert, auteur de la musique de *la Reine des Péris*, opéra de Fuzelier, représenté le 10 avril 1725, fut le père de l'abbé Aubert, rédacteur des *Affiches, annonces et avis divers*.

Selon M. Campardon, Mlle Deschamps se serait éteinte à Avignon vers 1775, mais Grimm, en annotant un passage du Salon de 1765 de Diderot (*Œuvres complètes*, X, 256), la dit « morte l'année dernière dans la plus austère pénitence. »

Il a certainement existé plus d'un portrait de cette impure, mais on ne peut présentement signaler que deux caricatures de Germain de Saint-Aubin, crayonnées sur un album intime dont M. Edmond de Goncourt a eu communication (voir la dernière édition de *l'Art du XVIIIe siècle*, in-18, 2e série, p. 180).

Page 60, l. 10. — *La Guimard*. Marie-Madeleine Morelle, dite Guimard, née le 27 décembre 1743, à Paris où elle est morte le 4 mai 1816. Elle avait épousé le chansonnier et chorégraphe Jean-Etienne Despréaux, né en 1745, mort le 26 mars 1820, inspecteur général des théâtres de la cour. Au lieu de reproduire les anecdotes sur Mlle Guimard, dont les choniqueurs contemporains se sont montrés prodigues, nous préférons signaler son portrait peint par Fragonard, qui a longtemps orné la galerie Walferdin, et qui fut vendu 9,100 fr. à la vente après décès de cet amateur (11 avril 1880). Il n'a pas été gravé, que nous sachions, Si l'attribution du nom du modèle est exacte, il faut admettre que ce portrait fut peint avant la fameuse querelle de la belle courtisane et de son peintre, dont on trouve le récit un peu partout et notamment dans la *Correspondance* de Grimm (mars 1773).

Page 61, l. 19. — *La troupe Villemorienne*. Les flatteurs et les parasites du fermier Le Gendre de Villemorien, gendre de Bouret. Voir plus loin la note consacrée à celui-ci.

Page 68, l. 21. — *Une personne de ma connaissance*. Diderot a raconté cette anecdote dans sa lettre du 13 octobre 1760 à Mlle Volland. M. Hope ou, comme on l'appelait familièrement au Grandval, « le père Hope », était un Écossais hypocondriaque et humoristique sur qui l'on n'a pu jusqu'ici recueillir de renseignements précis. On sait seulement, et toujours par Diderot, qu'il avait étudié la chirurgie et suivi les cours d'obstétrique de John Gregory.

Page 71, l. 22. — *On loue la vertu.* Réminiscence d'un hémistiche de Juvénal (Sat. I. v. 74) :

Probitas laudatur et alget.

Page 72. l. 21. — *La Morlière.* Personnage fameux, trop connu pour qu'il soit nécessaire d'entrer dans de longs détails : on les trouvera d'ailleurs dans la biographie *romancée* que lui a consacrée M. Ch. Monselet *(Les Oubliés et les Dédaignés)*; dans la *Biographie du Dauphiné* de M. Ad. Rochas, qui avait eu en main de curieuses notes de police sur ce fâcheux compatriote : enfin dans l'*Histoire de Mme Du Barry* de M. Ch. Vatel : on sait que La Morlière avait successivement dédié à la favorite le *Fatalisme* et le *Royalisme* : la première de ces élucubrations lui avait valu un souper dont on glosa fort, et une bourse de cent louis.

Page 73, l. 13. — *Et cette femme qui se mortifie.* Saur et Saint-Geniès ont écrit « Mme de Past... » qui est évidemment un nom en l'air. On ne sait pas sur qui porte l'allusion de Diderot; mais si on parcourt un conte libertin attribué sans preuves à Voisenon et à Meusnier de Querlon : *Exercices de dévotion de M. Henri Roch avec Mme la duchesse de Condor*, on sera frappé de la ressemblance du portrait esquissé par Diderot et de l'héroïne du romancier inconnu.

Page 76, l. 10. — *Le père Noël.* Bénédictin de Reims à qui son adresse d'opticien avait valu l'honneur d'une présentation au roi et de dire ses commandes, tant de sa part que de celle du Dauphin. Le duc de Luynes le représente, au rebours de Diderot, « comme un bon homme extrêmement simple ».

Page 77. l. 26. — *Mme Bouvillon.* Personnage du *Roman comique*, bien connue par le volume de ses appas.

Page 80. l. 19. — *Une comminge.* Selon l'*Encyclopédie*, c'était une sorte de mortier lançant des bombes dont le poids allait jusqu'à 500 livres. Le général Bardin dit plus exactement que l'on donnait ce nom à des projectiles de plus de 250 kil. et qu'on les employa pour la première fois au siège de Mons, en 1691, mais qu'on dut y renoncer parce que le service était trop lent et le tir trop incertain.

Page 82, l. 5. — *Bouret.* Étienne-Michel Bouret, né en 1710, d'Étienne Bouret, secrétaire du roi et « intéressé dans ses affaires », fut nommé en 1738 trésorier général de sa maison, puis fermier général. Au bout de cinq ans, il céda la première de ses fonctions à son frère Augustin Bouret de Villaumont. En 1747, il vint en aide aux Provençaux menacés de famine, et les États reconnaissants lui votèrent une médaille reproduite dans le *Trésor de numismatique*. Le mariage de Bouret d'Érigny, autre frère d'Étienne-Michel, avec Mlle Madeleine Poisson de Malvoisin, cousine de Mme de Pompadour, mariage célébré le 4 avril 1750 à Bellevue, en présence du roi, vint augmenter encore une prospérité toujours croissante. D'Argenson, qui le détestait, ne manque pas de signaler dans son *Journal* cette marque si enviée de la faveur de Bouret. Deux ans plus tard (15 août 1752, éd. Rathery), il l'accuse d'avoir, par ses exactions sur les blés, fomenté une émeute à Bordeaux, mais la preuve de cette imputation si grave n'a pas été faite. Bouret avait acquis de Pâris de Montmartel la terre de Croix-Fontaine et y avait incorporé d'autres terrains de Morsang-sur-Seine, du Coudray et de Saint-Port. Puis il fit construire, par un architecte, d'origine rouennaise, Antoine-Mathieu Le Carpentier, un pavillon situé à l'entrée de la petite forêt du Rougeau, à mi-chemin de Melun et de Corbeil, près du village de Nandy. C'est là qu'il reçut le roi pour la première fois, le 30 avril 1759, et qu'il lui présenta le fameux livre du *Vrai Bonheur* décrit dans le premier catalogue Pixérécourt (no 226) et qui renfermait, outre un portrait du financier « dessiné au crayon rouge », un joli plan de la forêt de Rougeau attribué au géographe Denis par M. Paul Lacroix. Ce manuscrit ne s'est pas, que nous sachions, montré dans d'autres ventes. Cette fête, qui fut suivie de diverses réceptions royales et princières, ne coûta pas moins de trois millions.

Bouret ne s'était pas contenté des splendeurs qu'il avait littéralement fait sortir de terre à Croix-Fontaine: son architecte habituel, Le Carpentier, avait construit pour lui, rue Grange-Batelière, un hôtel successivement occupé depuis par J. B. de La Borde, le duc de Choiseul et l'administration de l'Opéra; il a été détruit par l'incendie du 29 octobre 1873. Le financier, dont les affaires s'étaient singulièrement embarrassées, mourut le 10 avril 1777, « subitement », dit l'extrait mortuaire, par suicide, selon l'opinion courante. Son acte d'inhumation, relevé par un anonyme sur les registres de Sainte-Marie-Madeleine de la Ville-l'Évêque, a été communiqué à la *Correspondance littéraire* de M. Lud. Lalanne (no du 25 janvier 1862); il est signé de ses deux gendres, Philippe-Charles Legendre de Villemorien, écuyer administrateur général des postes, et Denis-Philibert Thiroux de Monsauge, fermier général. Outre les deux frères dont il a été question, Michel-Etienne Bouret avait deux sœurs : Angélique, mariée à M. de Saint-Landry, receveur général en Auvergne, et Marie-Jeanne, épouse de Claude de Préandau. De son propre mariage avec Mlle Tellez d'Acosta étaient nées trois filles : Marie-Antoinette (Mme de Villemorien), Thérèse (Mme de Monsauge) et Marie-Adélaïde-Victoire (Mme Marin de La Haye), femme d'un autre fermier général, à qui appartinrent un château à Draveil et l'hôtel Lambert dans l'île Saint-Louis. Henriette-Etiennette Claude Denise de Monsauge épousa, le 3 mai 1778, Etienne-Narcisse de Durfort, né le 3 octobre 1753.

Ce n'était pas seulement le nom de Bouret qui devait si rapidement s'éteindre : pas une pierre n'est restée debout de ce qu'il avait édifié à si grands frais. Racheté en 1784 par le prince de Salm-Kyrbourg, le Pavillon du Roi, dont en 1817 le *Dictionnaire des environs de Paris* d'Oudiette vantait encore les agréments, fut dépecé en 1821 par la bande noire.

On peut consulter sur Bouret tous les annalistes et anecdotiers de la seconde moitié du XVIIIe siècle ; il serait superflu d'en dresser la liste, mais je me fais un plaisir de reconnaître que j'ai emprunté en partie les éléments de cette note à un travailleur aussi modeste qu'érudit, M. Th. Lhuillier ; voir dans le *Bulletin de la Société d'archéologie de Seine-et-Marne* (1875-1877) un mémoire intitulé *le Pavillon Bouret*, qui n'a pas été tiré à part.

Page 87, l. 19. — *Cet imbécile parterre*. Lors d'une reprise du *Comte d'Essex*, de Thomas Corneille, en 1762, Mlle Hus refusa de céder à Mlle Clairon le rôle de la duchesse d'Irton, et l'illustre tragédienne dut se contenter de celui de la suivante : mais elle y fut applaudie à outrance, tandis que la petite Hus, perdant contenance, s'y fit siffler.

Page 92, l. 7. — *Zarès*, tragédie de Palissot, jouée le 3 juin 1751, et qui n'obtint que trois représentations. L'auteur se plaint, dans sa préface, des changements que les comédiens avaient fait à son texte.

Page 92, l. 8. — *Le Faux généreux*, comédie en cinq actes et en vers, représentée le 18 janvier 1758 et jouée cinq fois seulement. Elle ne fut imprimée qu'en 1778, dans le *Théâtre* de Bret.

Page 93, l. 10. — *La scène du colporteur*. Palissot l'avait empruntée à une comédie non représentée du P. Bougeant : *la*

Femme docteur, ou la Théologie tombée en quenouille (1731), pièce dirigée contre les jansénistes.

Page 94, l. 4. — *Le gros abbé Le Blanc*. Ami de jeunesse de Buffon et commensal de La Tour pendant une partie de sa vie, l'auteur des *Lettres sur les Anglais*, qu'on lit encore avec plaisir ne put, en raison de ses origines obscures, — il était fils d'un geôlier de Dijon, — parvenir à l'Académie : double mésaventure qui en fit un des plastrons de son compatriote Piron, et, à la suite, de presque tous ses contemporains. Il n'est pas jusqu'à ses goûts de *curieux* qui n'aient été incriminés. Bret, qui lui fait jouer à ce propos le rôle le plus burlesque dans un roman à titre égrillard : *le Bidet*, en fut puni par une détention à Vincennes. Le Blanc passait, à tort ou à raison, pour se défaire volontiers des curiosités qu'il avait recueillies et dont le goût lui était venu durant ce voyage en Italie où il accompagna M. de Marigny, Soufflot et Cochin. Ce travers, qu'il n'a point emporté avec lui, ne l'empêcha pas de laisser un assez joli choix de tableaux et d'objets d'art, vendus par Le Brun en 1781 : *Le Trésor de la curiosité* cite (t. II, page 45) quelques-uns d'entre eux qui atteignirent un bon prix et qui sortaient de chez Randon de Boisset, La Boüexière et Mariette.

Page 96, l. 12. — *Théophraste, La Bruyère et Molière*. Grimm dit en parlant du neveu de Rameau, à propos de *la Nouvelle Rameide* : « On lui trouva un jour un Molière dans sa poche et on lui demanda ce qu'il en faisait : J'y apprends, répondit-il, ce qu'il ne faut pas dire, mais ce qu'il faut faire. » (Édition Garnier frères, t. VII, p. 124.)

Page 100, l. 6. — *Corbie et Moette*. Successeurs de Jean Monet dans la direction de l'Opéra-Comique de 1757 à 1762, époque de sa réunion à la Comédie-Italienne. Jean-Pierre Moette, qui se serait, sur la fin, converti aux doctrines de Swedenborg, n'était guère alors connu que par une édition des *Dialogues d'Aloysia Sigea*, attribués à N. Chorier; Corbie, son collaborateur pour cette publication, avait mis au jour le recueil de parades intitulé *Théâtre des Boulevards*. Moet, ainsi qu'il signa plus tard, mourut à Versailles, le 30 juin 1806. Corbie était mort aliéné plus de trente ans avant.

Page 100, l. 12. — *Toute la clique des feuillistes*. *L'Avant-Coureur* était rédigé par Meusnier de Querlon, Boudier de Villemert, Jacques Lacombe et La Dixmerie (1760-1773, 13 vol. in-8°); les *Petites-Affiches*, ou, pour leur laisser leur titre exact, les *Annonces, affiches et avis divers*, se divisent en deux séries distinctes : l'une désignée sous le nom d'*Affiche de Paris*, de format in-8°, fut dirigée de 1751 à 1790, par l'abbé Aubert. L'*Affiche de province* (in-4°), fondée en 1752, et plus littéraire que la première, fut successivement rédigée par Meusnier de Querlon et l'abbé de Fontenay. Il serait superflu d'entrer ici dans les détails qu'on peut trouver partout sur *l'Année littéraire* et son fameux directeur. *L'Observateur littéraire*, fondé par La Porte après sa rupture avec Fréron, dura de 1758 à 1761 et forme 17 volumes in-12. *Le Censeur hebdomadaire*, dû à la collaboration d'Abraham Chaumeix et de d'Aquin (1760-1761), comporte 8 vol. in-8°.

Page 100, l. 18. — *Ce chien de petit prêtre.* Joseph de Laporte, ou Laporte tout simplement, selon J. Delort, né à Belfort, en 1718, mort à Paris en 1779, ne fut pas le cuistre que ses contemporains, Diderot aussi bien que Pidansat, nous ont volontiers représenté. Sans doute, bon nombre de ses compilations sont tombées dans l'oubli, mais les travailleurs auraient mauvaise grâce à méconnaître l'autorité journalière du *Calendrier des spectacles*, de l'*Histoire littéraire des femmes françaises*, des *Anecdotes dramatiques*, etc. Les *Observations sur la littérature moderne*, et *l'Observateur littéraire* sont assurément très dignes d'être placés sur la même ligne que les feuilles de Fréron. M. Hatin en a cité (*Histoire de la presse*, t. III, p. 48-69), quelques pages qu'on peut sans exagération compter au nombre des modèles du genre. Quant à l'homme que Diderot peint « avare et puant » et dont l'*Espion anglais* (t. III, p. 51) fait aussi un usurier, il légua, en mourant, une partie de ses épargnes aux pauvres de Belfort.

Page 108, l. 24. — *Un prince surnommé le Grand.* Allusion probable à Louis XIV et à Mme de Maintenon ; selon une spirituelle remarque de M. G. Isambert (*Intermédiaire des chercheurs et curieux*, 10 février 1884), il s'agit ici non de la chaise percée, malgré le rôle considérable qu'elle jouait dans la vie privée du roi, mais de la chaise à porteurs de Mme de Maintenon ; la confusion plaisante faite ici par Diderot ou par son interlocuteur s'explique si on se rappelle qu'à ce moment les *Mémoires* de Saint-Simon, confisqués en 1755 par Louis XV, n'avaient été communiqués qu'à trois hommes de lettres : Duclos, Marmontel et Voisenon. C'est peut-être le second qui avait parlé devant Diderot de l'émoi des courtisans, voyant, à

Marly et à Compiègne, le roi suivre à pied la chaise de Mme de Maintenon, ou se tenir à la portière durant les haltes.

Page 110, l. 17. — *Le Brun.* Ponce-Denis Ecouchard-Le Brun, « le Pindare français, » qui rédigea en 1762 *la Renommée littéraire*, feuille dirigée surtout contre Fréron et qui n'eut qu'une douzaine de numéros. Le petit abbé Rey est resté inconnu à tous les commentateurs.

Page 110, l. 20. — *Poinsinet.* Le récit de cette mystification se trouve, avec bien d'autres, dans les *Mémoires* de Jean Monet et dans la *Correspondance* de Favart : c'est Palissot qui avait imaginé cette conversion de Poinsinet comme la condition indispensable d'une place de précepteur dans une cour d'Allemagne.

Page 111, l. 6. — *David.* Michel-Antoine David, reçu libraire le 2 mai 1732, adjoint au Syndicat le 22 décembre 1751, mort le 17 mars 1769. Associé à Briasson, Durand et Lebreton pour l'exploitation de l'*Encyclopédie*, il fut ensuite l'éditeur d'un journal dont Palissot avait le privilège et dont Suard était l'arrangeur. C'était une compilation des gazettes d'outre-Manche qui changea plusieurs fois de titre et qui dura peu de temps; si l'on en croyait les *Mémoires secrets* (mai 1762), elle mourut d'inanition; Palissot prétend, dans ses *Mémoires*, qu'elle fut supprimée par ordre du gouvernement.

Page 112, l. 1. — *Qui s'est traduit lui-même sur la scène. Le Satirique ou l'Homme dangereux,* comédie dans laquelle Palissot s'était mis lui-même en scène; on peut voir à ce sujet la *Correspondance littéraire* de Grimm (juin 1770) qui a le premier fait connaître une lettre de Diderot à Sartine, relative à cette pièce. Interdite alors, malgré la protection du duc de Richelieu, elle ne fut représentée qu'en mai 1782, sans aucun succès.

Page 112, l. 17. — *Oui, grosse comtesse.* Mme de Lamarck. Voir plus haut la note de la p. 31, l. 9. Favart accuse Palissot d'avoir peint sa bienfaitrice sous le nom de Cidalise dans *les Philosophes*, quoiqu'il ait reçu d'elle, peu auparavant, une trentaine de mille francs pour se tirer d'un mauvais pas.

Page 112, l. 26. — *Bertinus.* Double allusion au titre d'honoraire de l'Académie des Inscriptions que s'était fait décerner, un peu arbitrairement, le financier, et à sa liaison publique avec Mlle Hus.

Page 114, l. 4. — *Vous vous livrez à la débauche des femmes.* Ce passage se retrouve presque textuellement dans un morceau inédit publié par la *Nouvelle Revue* du 15 septembre 1883 *(De la morale des rois).* « Il y a deux lois et deux grands procureurs généraux : la nature et l'homme public, etc. »

Page 127, l. 25. — *On croit reconnaitre la plainte d'un avare.* Réminiscence de *l'Ile des fous,* comédie mêlée d'ariettes, paroles d'Anseaume, musique de Duni, représentée aux Italiens en 1760.

Page 128, l. 12. — *Mon cœur s'en va.* Air du *Maréchal,* opéra-comique, paroles de Quétant, musique de Philidor (Opéra-Comique, 22 août 1761).

Page 130, l. 11. — *La Servante maitresse (La Serva padrona),* jouée à Naples en 1731, fut représentée en 1752, pour le début des Bouffons, à l'Opéra, reprise en 1754 à la Comédie-Italienne avec les paroles françaises de Baurans, et de nouveau en juin 1761, avec les paroles italiennes, pour la signora Piccinelli.

Page 130, l. 12. — *Tracollo. Tracollo medico ignorante,* musique de Pergolèse, joué à Rome en 1734, fut également représenté à l'Opéra le 1er mai 1753, puis à l'Opéra-Comique en 1756, sous le titre du *Charlatan;* mais Mme Favart en avait fait remanier la musique par Ch. Sodi, son maître de mandoline.

Page 130, l. 13. — *Un Tancrède, une Issé. Tancrède,* paroles de Danchet, *l'Europe galante,* paroles de La Motte, sont des opéras de Campra; *Issé,* paroles de La Motte, est d'André Destouches; Rameau avait eu comme librettistes : Fuzelier, pour *les Indes galantes;* Gentil-Bernard, pour *Castor et Pollux;* Gautier de Mondorge (aidé de collaborateurs inconnus), pour *les Fêtes d'Hébé ou les Talents lyriques;* Quinault avait écrit le poème d'*Armide* pour Lulli.

Page 130, l. 19. — *Rebel et Francœur.* François Rebel et François Francœur furent successivement et simultanément directeurs de l'Opéra, chevaliers de Saint-Michel et surintendants de la musique du Roi. Le premier, né en 1701, mourut en 1775; Francœur, né en 1698, lui survécut jusqu'en 1787. Tous deux étaient Parisiens.

Page 131, l. 7. — *A dater du* Peintre. *Le Peintre amoureux de son modèle*, paroles d'Anseaume, musique de Duni, avait été représenté pour la première fois, le 26 juillet 1757, à la foire Saint-Laurent, et, le 3 février suivant, à la foire Saint-Germain. Contre son habitude, Grimm se montra indulgent à ce début : « Si M. Duni continue à travailler sur des paroles françaises, dit-il, il nous dégoûtera insensiblement de tout le magasin de l'Académie royale de musique. »

Page 131, l. 9. — *La célèbre impasse.* L'Opéra était alors situé sur l'emplacement actuel de la rue de Valois, du côté de la rue Saint-Honoré ; on s'y rendait par une impasse. Le 6 avril 1763, un incendie dévora l'édifice, des caves jusqu'au faîte.

Page 132, l. 9. — *Ragonde. Le Mariage de Ragonde et de Colin, ou la Veillée du village*, paroles de Néricault-Destouches, musique de Mouret, fut d'abord représenté en 1740 à l'une des fêtes célèbres de la duchesse du Maine, au palais de Sceaux, puis repris à l'Opéra en 1742 sous le titre de : *Les Amours de Ragonde, ou la Soirée de village.*

Page 132, l. 10. — *Platée, ou Junon jalouse*, ballet bouffon, paroles d'Autreau et de Ballot de Sovot, musique de Rameau, représenté à l'Opéra en 1749. « Cet ouvrage « de carnaval, » dit M. Th. de Lajarte, est très curieux à étudier : c'était la première incursion de l'École française dans le genre de musique bouffonne où excellaient les vieux maîtres italiens. »

Page 134, l. 6. — *Tous les Duhamel du monde.* Henri-Louis Duhamel Du Monceau, célèbre botaniste, agronome et minéralogiste dont les innombrables travaux ont presque tous été mentionnés par Quérard. M. Isambert suppose qu'en employant le pluriel, Diderot a voulu également désigner J.-P.-Fr. Guillot-Duhamel, métallurgiste, né en 1730, mort en 1816; mais il était bien jeune en 1763 et, lors de la révision du dialogue (vers 1775), il n'avait encore publié ni sa *Géométrie souterraine*, ni son *Voyage métallurgique*.

Page 134, l. 11. — *La Plaideuse ou le Procès*, opéra-comique, paroles de Favart, musique de Duni, joué le 19 mai 1762 à la Comédie-Italienne, retiré par Favart et non imprimé ; c'est probablement à *la Plaideuse* que le neveu de Rameau empruntait l'air : « Le voilà, le petit ami, » qui n'a encore été signalé dans aucune autre partition.

Page 134, l. 23. — *Je suis un pauvre misérable.* Les trois premiers vers appartiennent à *l'Ile des fous;* les paroles italiennes qui suivent sont tirées du livret de *la Serva padrona.*

Page 138, l. 23. — *La Scène : « J'attendrai. »* C'est le premier mot d'un monologue fameux de Roland, dans l'opéra de Quinault et de Lulli portant ce titre :

Ah! j'attendrai longtemps; la nuit est loin encore!

Page 139, l. 1. — *Pâles flambeaux.* Le vers exact dit par Télaïre au deuxième acte de *Castor et Pollux*, est :

Sombres apprêts, pâles flambeaux...

Page 139, l. 13. — *Le Saxon.* Hasse, né en réalité près de Hambourg, mais qui fit son éducation musicale à Naples, d'où sortaient également Terradeglias et Traetta. Hasse était le mari d'une chanteuse exquise connue sous le nom de la *Faustina.*

Page 140, l. 7. — *Le cri animal ou de l'homme passionné.* Grétry a raconté, dans ses *Essais sur la musique*, comment Diderot trouva devant lui l'accent qu'il avait inutilement cherché à donner à Zémire lorsqu'elle aperçoit sa famille éplorée à travers la glace magique (*Zémire et Azor,* opéra-comique, paroles de Marmontel); mais, selon Grimm (février 1772), ce serait lui qui aurait provoqué ce changement et prédit à Grétry le succès qu'il obtint. Grimm écrivait au lendemain de ce triomphe, et les *Essais* de Grétry sont de sa vieillesse; toutefois, il est difficile d'admettre une confusion dans son esprit sur un détail aussi intéressant pour lui-même.

Page 147, l. 14. — *Moi qui vous parle.* Tout ce passage se retrouve presque textuellement dans un article de Diderot sur les *Leçons de clavecin et d'harmonie* de Bemetzrieder (1771), et c'est avec le musicien, arrivant d'Allemagne, que Diderot avait eu l'entretien qu'il a de nouveau consigné ici.

Page 160, l. 16. — *L'Enfant d'Arlequin. Le Fils d'Arlequin perdu et retrouvé*, comédie traduite de Goldoni, jouée en juillet 1761 à la Comédie-Italienne. Ce fut son succès qui détermina l'auteur à venir habiter Paris; mais il n'y retrouva la vogue qu'une seule fois, avec *le Bourru bienfaisant.*

Page 164, l. 3. — *Il y avait à Utrecht.* L'anecdote se retrouve tout au long dans le *Voyage de Hollande.* La courtisane, que Diderot loge cette fois à La Haye, fille d'un médecin de Cologne et maîtresse du baron de Zul, s'appelait la Steenhausen, et c'est un nommé Vandervelde que le grison aurait exploité.

Page 172, l. 10. — *L'auteur des* Réfutations. L'abbé Gabriel Gauchat, auteur, entre autres ouvrages de polémique théologique, de l'*Analyse et réfutation de divers écrits modernes contre la religion* (1753-1763, 19 vol. in-12). L'auteur y gagna successivement le prieuré de Saint-André et celui de Saint-Jean-du-Désert. Par une anomalie fréquente alors, ce fut l'abbé Gauchat qui essaya (sans y parvenir) de réconcilier l'abbé Diderot, chanoine de Langres, avec son frère. Louis-Sextius de Jarente de La Bruyère, le voluptueux et fameux évêque d'Orléans, fut longtemps chargé de la feuille des bénéfices.

Page 178, l. 18. — *Le Dauvergne.* Il s'agit probablement d'*Hercule mourant*, tragédie lyrique en cinq actes, paroles de Marmontel, jouée le 3 avril 1761.

Page 179, l. 1. — *Quisque suos non patimur manes.*

Enéide, l. VI, v. 743.

Page 179, l. 3. — *Les vêpres de l'abbé de Canaye.* L'abbé Etienne de Canaye, oratorien, membre de l'Académie des Inscriptions, né le 7 décembre 1694, à Paris, où il est mort le 12 mars 1782. Lauraguais l'appelle quelque part « le moins célèbre et le plus aimable des hommes », et Dacier, dans l'*Eloge* qu'il fit de son confrère, insiste aussi sur cette modestie poussée à l'extrême, puisque l'abbé fut fort embarrassé, dit-il, un jour que quelqu'un cherchait à distinguer ses armoiries confondues avec d'autres sur le mur d'une chapelle. L'abbé dut, pour lui répondre, examiner son propre cachet, ce qu'il n'avait jamais songé à faire. Même sous la plume du vénérable secrétaire perpétuel, cette anecdote nous semble quelque peu suspecte. Ne nous dit-il pas un peu plus loin que l'abbé de Canaye eut « donné sa fortune » pour recouvrer les notes de Florent Chrestien qu'il tenait de Mme de La Guerche, sa marraine, petite-fille du précepteur de Henri IV, et qui furent détruites par la négligence d'un domestique? Or, selon Chardon de La Rochette (*Mélanges de critique et de philologie*, tome II, page 271), ce fut Canaye, encore enfant, qui s'amusa avec ses frères à déchiqueter et à brûler ces paperasses. Le tonneau qui les contenait fut bientôt vidé par la bande joyeuse, dit La Rochette, et les lettres firent une perte irréparable, « mais l'abbé de Canaye qui, à quatre-vingts ans, riait encore aux éclats de cette espièglerie de son enfance, était peu touché, même alors, de cette perte. Il songeait uniquement au plaisir qu'il avait eu à éparpiller ces paillettes d'or ». C'est encore Chardon de La Rochette qui prétend que l'abbé de Canaye refit sur le manuscrit de d'Alembert le discours préliminaire de l'*Encyclopédie*, tradition dont il est permis de douter, bien que la nièce de l'abbé, la marquise de Ménilglaise, en ait confirmé l'authenticité à Mercier de Saint-Léger et à La Rochette.

FIN DES NOTES

C. MOTTEROZ

www.ingramcontent.com/pod-product-compliance
Ingram Content Group UK Ltd.
Pitfield, Milton Keynes, MK11 3LW, UK
UKHW031835260826
14628UKWH00001B/395